주머니 속

자연
놀이
100

황경택은 한국외국어대학교 일본어과를 졸업하고, (사)우리만화연대와 (사)숲연구소에서 활동했다. 이후 어린이 만화와 숲 생태에 관심을 가지고 숲 생태 놀이 프로그램을 기획·진행하는 생태 놀이 코디네이터로 활동하며, 생태 만화가의 길을 걷고 있다. 2009 부천만화대상 어린이만화상을 수상했다.

한겨레에 〈상위시대〉, AM7에 〈총각일기〉, 월간 《우리 만화》에 〈꼬마 애벌레 말캉이〉 등을 연재했다. 펴낸 책으로 만화 동화 《산타를 찾아서》, 생태 만화 《식물 탐정 완두, 우리 동네 범인을 찾아라》 《만화로 배우는 주제별 생태 놀이》 《꼬마 애벌레 말캉이》 《숲 읽어주는 남자》 《나무 문답》, 그밖에 《자연물 그리기》 《엄마는 행복한 놀이 선생님》 《숲 해설 시나리오 115》 《아이들이 행복해야 좋은 숲 놀이다》 《오늘은 빨간 열매를 주웠습니다》 《숲은 미술관》 《꽃을 기다리다》 등이 있다.

주머니 속
자연
놀이
100

황경택 글과 그림

황소걸음
Slow & Steady

펴낸날 2017년 12월 11일 초판 1쇄
2024년 8월 30일 초판 5쇄
지은이 황경택
만들어 펴낸이 정우진 강진영 김지영
꾸민이 Moon&Park(dacida@hanmail.net)
펴낸곳 04091 서울 마포구 토정로 222 한국출판콘텐츠센터 402호 (신수동) 도서출판 황소걸음
편집부 (02) 3272-8863
영업부 (02) 3272-8865
팩 스 (02) 717-7725
이메일 bullsbook@hanmail.net / bullsbook@naver.com
등 록 제22-243호(2000년 9월 18일)
ISBN 979-11-86821-15-2 07470

ⓒ 황경택, 2017

- 이 책의 내용을 저작권자의 허락 없이 복제·복사·인용·전재하는 행위는 법으로 금지되어 있습니다.
- 이 도서의 국립중앙도서관 출판시도서목록(CIP)는 서지정보유통지원시스템 홈페이지(http://seoji.nl.go.kr)와 국가자료공동목록시스템(http://www.nl.go.kr/kolisnet)에서 이용하실 수 있습니다.
  (CIP 제어번호 : CIP2017031172)
- 잘못된 책은 바꿔드립니다. 값은 뒤표지에 있습니다.

자연이 먼저 말을 걸어요

자연은 신나는 놀이터 🌿

어린이는 놀 때 가장 즐겁고 행복하며, 놀이를 통해 삶에 필요한 많은 것을 배웁니다. 가장 좋은 놀이터인 자연에서 마음껏 뛰어노는 아이들은 키와 함께 창의력, 체력, 감수성, 사회성 등이 쑥쑥 자랍니다.

하지만 어디서 어떻게 놀아야 하는지, 어떤 놀이가 어디에 도움이 되는지, 몇 명이 모여야 하는지, 선생님이나 부모가 함께 있어야 하는지 등을 궁금해하다가 정작 시도조차 못 하는 어른들이 많습니다. 아이들이 자연에서 마음껏 뛰어놀 수 있는 놀이 100가지를 소개합니다.

내 마음대로 골라서 구성하는 8가지 놀이 세트 🌿

놀이에도 균형과 리듬이 필요합니다. 맨 처음에는 옆 친구와 눈 맞추기나 포옹하는 놀이, 주변 환경을 익히며 친해지는 놀이를 선

택하면 몸과 마음의 긴장을 풀 수 있습니다. 숨차게 뛰어논 다음에는 그늘에 모여 앉아 생각 나누기 놀이를 하고, 놀이를 마치면 느낌을 나누는 놀이로 마무리해도 좋습니다.

이 책에 실은 100가지 자연 놀이를 특성에 따라 첫인사 놀이, 꼼꼼! 관찰 놀이, 아하! 생각 놀이, 풍덩! 교감 놀이, 야호! 발산 놀이, 으쌰! 함께 놀이, 와우! 감탄 놀이, 마무리 놀이로 나눴습니다. 이 여덟 가지 유형 가운데 하고 싶은 놀이를 한 개씩 뽑아도 자연에서 한두 시간은 거뜬히 뛰어놀 수 있는 자연 놀이 세트가 됩니다.

새로운 자연 놀이

지난 2010년 출간한 《손바닥 자연 놀이 100》을 절판하고, 새로 출간하면서 내용을 많이 바꿨습니다. 책 이름에 걸맞게 50가지를 새로운 자연 놀이로 교체했으며, 종전의 50가지도 진행 방법을 좀 더 간략히 하고, 자연을 편안하면서도 깊이 느낄 수 있도록 바꿨습니다. 완전히 다른 책이라고 생각해도 무방할 듯합니다.

아이들 스스로 신나게

선생님이나 부모님이 놀이에 많이 끼어들수록 아이들이 누리는 즐거움은 줄어듭니다. 모둠 이름도, 벌칙도 아이들이 스스로 정하는 게 좋습니다. 한 가지 놀이에 흠뻑 빠져서 "한 번 더!"를 외치면 되풀이하게 두어도 됩니다. 이때 다른 친구들도 원하는지, 함께 즐거운지 배려하는 마음은 가르쳐야 합니다. 부디 손에 잡히는 《주머니 속 자연 놀이 100》으로 언제 어디서나 신나게 놀 수 있기를 바랍니다.

황경택

숲에서 찾은 장난감, 놀이를 더 즐겁게 하는 재료

나뭇잎
저마다 모양이 달라서 놀이가 무궁무진해요.

나뭇가지
땅에 금을 긋거나 원을 그릴 때, 새 둥지를 만들 때, 쌓거나 던지기 놀이를 할 때 등등 쓰임새가 다양해요.

통나무
숲에 쓰러져 썩어가는 통나무도 멋진 놀이 재료입니다. 올라가서 놀 수도 있고, 북처럼 두드려도 재미있어요.

돌멩이
던지기, 탑 쌓기, 원에 넣기 등 놀다 보면 좋은 돌멩이를 고르는 요령이 생겨요.

다양한 열매
돌멩이처럼 여러 놀이에 쓰기도 하고, 다양한 모양과 감촉, 무게, 소리 등을 관찰하면 재미있어요.

굵은 밧줄
긴 줄넘기도 하고, 양 끝을 묶어 기차를 만들기도 하고, 바닥에 원을 그릴 때도 써요.

가는 밧줄
거미줄처럼 엮기도 하고, 나무와 나무 사이에 매서 전시용 줄로 쓰기도 해요.

나무집게
나뭇잎이나 쪽지 같은 것을 줄에 매달거나, 아이들 옷에 달아놓고 떼기 놀이를 해도 좋아요.

큰 보자기
하얀 도화지처럼 그림을 그리거나, 자연물 모은 것을 펼쳐서 관찰할 때 좋아요. 접으면 작고 가벼워서 어디나 갖고 다녀요.

작은 보자기
손수건만 해서 눈가리개로 쓰거나, 손목에 묶어 술래를 표시할 때 써요.

주머니
주로 열매나 돌멩이 같은 자연물을 넣어 촉감 놀이 할 때 써요.

종이 상자
자연물을 담아놓고 관찰할 때 쓰거나, 열매를 넣고 흔들어서 소리로 알아내기 놀이를 해요.

종이테이프
현장에서 바로 적어 포스트잇처럼 쓸 수 있어 좋아요.

쪽지와 펜
언제나 필요해요.

차례

자연이 먼저 말을 걸어요 • 5

숲에서 찾은 장난감, 놀이를 더 즐겁게 하는 재료 • 8

🍄 첫인사 놀이

굳은 몸과 마음을 풀면서 낯선 자연, 선생님, 친구들과
빨리 친해질 수 있어요.

001 무슨 말을 한 걸까? • 18

002 코끼리 악수 • 20

003 손잡고 돌기 • 22

004 손잡고 일어서기 • 24

005 청개구리 되기 • 26

006 자연 요가 • 28

007 나무줄기 따라가기 • 30

008 나를 지켜줘 • 32

009 무엇이 달라졌나? • 34

010 자연물 아바타 • 36

011 숲 속 입장권 • 38

012 숲 속 명찰 만들기 • 40

013 요술 막대기 놀이 • 42

🍄 꼼꼼! 관찰 놀이

눈을 크게 뜨고 주변을 살펴 새로운 것을 알아가요.

014 애벌레 망원경 · 46

015 숲 속 보물찾기 · 48

016 나만의 자연사박물관 · 50

017 숲 속 빙고 · 52

018 같은 모양을 찾아라! · 54

019 같은 잎을 찾아라! · 56

020 다른 나뭇잎을 찾아라! · 58

021 나뭇잎 가위바위보 · 60

022 나뭇잎 퍼즐 · 62

023 손으로 보기 · 64

024 귀로 보기 · 66

025 코로 보기 · 68

026 더 긴 것 찾기 · 70

027 더 무거운 것 찾기 · 72

🍄 아하! 생각 놀이

조금 생각해보면 문제를 쉽게 해결할 수 있어요.
생각하며 놀아볼까요?

028 어떤 순서일까? · 76

029 나무는 어떻게 자랄까? · 78

030 솔방울 던져 넣기 · 80

031 칡덩굴 고리 던지기 · 82

032 돌탑 쌓기 • 84   033 막대기 균형 잡기 • 86
034 단풍 열매 날리기 • 88   035 씨앗 멀리 보내기 • 90
036 곤충을 만들자 • 92   037 곤충을 찾아라! • 94
038 뻐꾸기 알을 찾아라! • 96   039 흙 만들기 • 98

🍄 풍덩! 교감 놀이

오감으로 자연을 느끼고, 자연과 하나 되어 놀아요.

040 편안한 곳 찾기 • 102   041 내 친구를 소개합니다 • 104
042 나무에게 편지 쓰기 • 106   043 뚱뚱한 나무 찾기 • 108
044 내 둥지야! • 110   045 태풍이다! • 112
046 내가 새라면 • 114   047 바짝 엎드려! • 116
048 너구리를 찾아라 • 118   049 나이를 먹자 • 120
050 광합성 가위바위보 • 122   051 숲 속 가위바위보 • 124

🍄 야호! 발산 놀이
몸을 써서 힘껏, 맘껏 놀아요.

- 052 높이, 더 높이 · 128
- 054 땅을 밟지 마라 · 132
- 056 이어 멀리뛰기 · 136
- 058 나무에 매달리기 · 140
- 060 작은 것이 좋아 · 144
- 062 멀리 던지자 · 148

- 053 봄 겨울 개구리뜀 · 130
- 055 녹색 징검다리 · 134
- 057 나무는 왜 죽을까? · 138
- 059 솔방울 이어 차기 · 142
- 061 소원을 말해봐 · 146
- 063 나무 타기 · 150

🍄 으쌰! 함께 놀이
자연에 사는 여러 생물처럼 우리도 함께 도우며 살아요.

- 064 너구리 똥 싸기 · 154
- 066 나무를 세우자 · 158

- 065 자연물 릴레이 · 156
- 067 나무를 빼라 · 160

068 나무 탑 세우기 · 162
069 돌멩이를 옮기자 · 164
070 나뭇가지 낚시 · 166
071 물을 나르자 · 168
072 외나무다리를 건너라 · 170
073 자리를 바꿔라 · 172
074 도토리를 굴려라 · 174
075 비밀 기지를 만들자 · 176

 와우! 감탄 놀이

자연물로 멋진 예술 놀이를 해요.

076 숲 속 전시회 · 180
077 같은 색깔 찾기 · 182
078 단풍잎 그러데이션 · 184
079 나뭇잎 탁본 뜨기 · 186
080 무엇을 닮았나? · 188
081 무엇이든 될 거야 · 190
082 숲 속 디자이너 · 192
083 숲 속 패션쇼 · 194
084 어디쯤 왔을까? · 196
085 숲 속 악기 만들기 · 198
086 숲 속 작곡가 · 200
087 그림 완성하기 · 202

088 낙엽 조각가 • 204
089 단풍잎 색종이 • 206
090 단풍잎 스테인드글라스 • 208
091 애벌레 되어보기 • 210
092 나무 생일잔치 • 212
093 물로 그림 그리기 • 214
094 흙 그림을 그리자 • 216
095 나이테 퍼즐 • 218

🍄 마무리 놀이

놀이를 마칠 때 좋은 놀이예요. 하루를 정리하는 마음으로 이야기해보세요.

096 꽃가루 가위바위보 • 222
097 오늘 하루는? • 224
098 지팡이를 잡아라 • 226
099 나무를 심는 사람 • 228
100 씨앗에 다 있어 • 230

첫인사 놀이

숲에서 아이들과 처음 만났을 때 하면 좋은 놀이입니다. 어떤 수업이든지 동기 유발이 중요합니다. 인사하고 몸풀기, 자연에 대한 호기심 품기, 자연에 들어갈 마음 준비하기 순서로 진행하면 됩니다. 주로 율동과 체조를 하는데, 몸풀기는 마음 풀기이기도 합니다. 자연에 대해서 깊이 설명하거나 이야기하기보다 자연스럽고 편안하게 친해질 수 있도록 해주는 게 좋습니다.

001 무슨 말을 한 걸까?

진행자 입을 쳐다보며 놀이에 빠져들어요.

1. 소리 없이 입 모양만 보고 단어를 알아맞히는 놀이다.
2. 진행자가 시작하고, 다음부터 정답자가 문제를 낸다.
3. 이왕이면 동물 이름이나 자연물 속에서 이름을 골라 말하기로 정한다.
4. 아이들 모두 긴장이 풀렸을 때쯤 자연스럽게 놀이를 끝낸다.

- ▶ 첫 놀이는 아이들의 관심을 빨리 끌 수 있는 것이 좋다. 아이들은 진행자 입 모양을 뚫어져라 쳐다보다가 자기도 모르게 놀이에 집중한다.
- ▶ 먼저 손을 든 사람에게 기회를 준다. 급한 마음에 손도 들지 않고 정답을 말하면 놀이가 재미가 없어진다.

🍄 |계절 ▶ 언제나| |장소 ▶ 어디서나| |인원 ▶ 제한 없음|

002 코끼리 악수

친구들과 악수하고 숫자 놀이도 해요.

1 코끼리 코를 만든다.
2 진행자가 말하는 숫자대로 코끼리가 모인다.
3 모여서 코로 악수한다.
4 진행자는 숫자를 점점 늘려서 악수하게 한다.
5 두 모둠으로 나눠 진행할 수도 있다.

- 실제 코끼리도 동료끼리 만나면 코로 악수한다. 친구들끼리 악수하며 스킨십을 할 수 있는 놀이다.
- 악수할 때 진행자가 "두 마리는 앉아서, 두 마리는 서서 악수합니다"처럼 상황을 주면 더 재미있다.

| 계절 ▶ 언제나 | 장소 ▶ 공터가 조금 있으면 | 인원 ▶ 20명 안팎 짝수 |

003 손잡고 돌기

몸과 마음의 긴장을 풀어요.

1 두 사람씩 짝짓고 손을 맞잡는다.
2 잡은 손을 놓지 않고 몸을 돌린다.
3 처음엔 손을 잡고, 다음에는 팔꿈치를 잡고, 나중에는 어깨를 잡는 등 점점 난도를 높인다.

- 키가 비슷한 친구끼리 하는 게 좋다.
- 인원이 많을 때는 짝을 바꿔서 여러 번 해도 재미있다.
- 두 사람이 손잡고 해도 좋지만, 한 사람씩 나무와 하는 놀이도 있다. 이때는 나무에 두 손바닥을 대고 몸을 돌려본다. 자세를 점점 낮추면 난도가 더 높아진다.

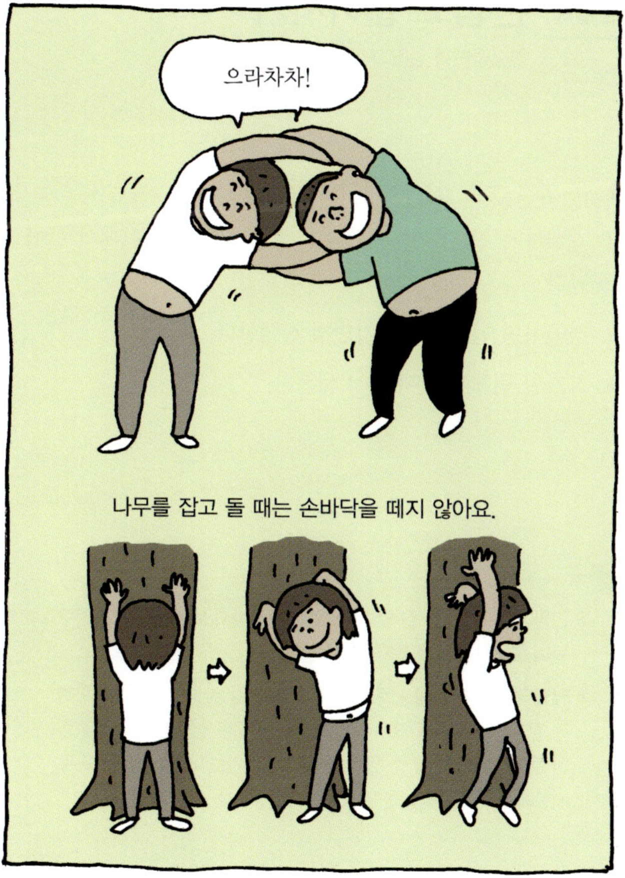
으라차차!
나무를 잡고 돌 때는 손바닥을 떼지 않아요.

| 계절 ▸ 언제나 | | 장소 ▸ 어디서나 | | 인원 ▸ 2명 이상 |

004 손잡고 일어서기

친구들끼리 손잡고 협동도 해요.

1 두 명씩 손을 맞잡고 바닥에 앉는다.
2 진행자가 신호하면 동시에 손을 당기며 제자리에서 일어난다.
3 성공하면 인원을 늘려가면서 진행한다.
4 참가한 전체 인원이 같이 해본다.

- 인원이 늘어날수록 잘 안 된다. 하지만 끝까지 포기하지 않고 친구들의 도움을 받으며 제자리에서 일어나자.
- 앉았다가 일어날 때 서로 발바닥을 대고 일어나려고 하는데, 오히려 잘 안 된다. 원을 크게 만들어 팔이 팽팽한 상태에서 당기면 힘이 들어가 잘 일어날 수 있다. 굳이 알려주기보다 아이들이 스스로 시도해보고 좋은 방법을 알아낼 수 있게 두자.

🍄 |계절 ▶ 언제나| |장소 ▶ 바닥이 평평한 곳| |인원 ▶ 10명 이상|

005 청개구리 되기

거꾸로 따라 하며 집중력을 기르고 몸도 풀어요.

1 아이들에게 진행자 말과 반대로 행동하라고 한다.
2 '앉아' '멈춰' '눈 떠' 등 간단한 동작 명령을 내린다.
3 진행자 말에 따라 움직이는 친구에게 벌칙을 준다.

- 간단한 동작으로 놀이를 시작하고, 마지막에는 '나무 껴안아' '나무 껴안지 마' 같은 명령어로 자연물을 접촉하게 한다.
- 명령어 내리기를 원하는 아이에게 진행을 맡겨도 좋다.

006 자연 요가

자연을 관찰하고 표현하며 몸풀기를 해요.

1 진행자가 자연 요가 동작 하나를 소개하고 따라 해보자고 한다.
2 한 사람씩 자연 요가 동작을 생각하고, 그 동작을 다른 친구들이 따라 한다.

▶ 꼭 주변에 보이는 것만 따라 하는 게 아니라 코끼리나 호랑이 같은 동물을 흉내 내도 좋다.
▶ 동작을 만든 사람이 어떤 점을 주의해야 하는지 설명하며 진행한다.

007 나무줄기 따라가기

몸으로 나무 크기를 재보고 자연에 호기심을 품어요.

1. 큰 나무 앞에 선다.
2. 손가락으로 땅에서 시작되는 줄기부터 가지를 따라간다.
3. 가장 멀리 갈 수 있는 가지를 따라간다.
4. 맨 끝에 도착하면 그 가지 밑에 선다.
5. 친구들의 위치를 보며 그 나무의 크기를 가늠한다.

- 나무는 생각보다 크다. 눈에 보이는 나뭇가지만큼 땅속에 뿌리도 있다. 이렇게 생각하면 나무가 더 커 보인다.
- 나무는 쓰임새가 다양한 것이 우리와 가까워질 수 있는 이유지만, 오래 살고 키가 큰 것도 우리가 나무와 가까워질 수 있는 이유다.

| 계절 ▸ 언제나 | | 장소 ▸ 큰 나무가 있는 곳 | | 인원 ▸ 제한 없음 |

008 나를 지켜줘

숲 속 수호신을 만들면서 자연물에 익숙해져요.

1. 숲에서 각자 마음에 드는 자연물을 하나씩 찾아온다.
2. 찾아온 자연물을 내 친구 혹은 '수호신'이라 하고, 숲에서 가장 큰 나무 아래 둔다.
3. 자연물을 내려놓으며 "다치지 않게 나를 지켜줘" 기도하고 숲에 들어선다.

- 자연물 친구의 이름을 지어주고, 왜 그 이름을 지었는지 이야기해도 좋다.
- 눈, 코, 입을 그릴 수 있으면 그려보자.
- 어린아이들과는 동화 같은 분위기를 내면서 하면 효과적이다.
- 그날의 놀이를 마치고 내려올 때 숲 속 수호신에게 가서 고맙다는 인사를 하고, 자연물을 제자리에 갖다 놓는다.

| 계절 ▸ 언제나 | 장소 ▸ 숲 | 인원 ▸ 15명 안팎 |

009 무엇이 달라졌나?

자연물을 보고 만지며 숲과 빨리 친해져요.

1 아이들에게 각자 숲에서 마음에 드는 자연물 하나씩 찾아오라고 한다.
2 바닥에 흰 보자기를 깔고 아이들이 가져온 자연물을 올려둔다.
3 어떤 자연물이 있나 살펴보고 숲에 대해 이야기를 나눈다.
4 눈을 감으라 하고 진행자가 자연물 한 개를 숨기거나 위치를 바꾼 다음, 무엇이 달라졌는지 맞히게 한다.

- 자연물을 바닥에 내려놓는 것보다 흰 보자기에 올리면 더 근사해 보이고, 집중력이 생긴다.
- 보자기는 숲의 축소판 역할을 한다. 놀이 초반에 이처럼 과제를 주는 프로그램을 진행하면 아이들의 수준과 성격 등을 파악하기 쉽다.
- 몇 번 반복하면 자기가 찾아온 자연물을 더 잘 기억할 수 있다.

🍄 |준비물 ▶ 흰 보자기| |계절 ▶ 언제나| |장소 ▶ 어디서나| |인원 ▶ 제한 없음|

010 자연물 아바타

자연물과 한 몸이 되어 움직여요.

1 각자 자연물을 찾아와 보자기에 놓고 자리에 앉게 한다.
2 진행자가 보자기에 있는 자연물 중 하나를 집으면 자연물 주인은 "저요!" 대답하고 자리에서 일어난다.
3 두 개를 고르면 두 명이 일어난다.
4 자연물이 하는 대로 따라 하라고 얘기한 다음, 자연물이 춤추거나, 앉았다 일어나거나, 서로 껴안게 한다.
5 마지막에는 같은 수의 자연물을 묶어 모둠을 만들 수 있다.

- 놀이에서 모둠을 짓는 방법은 다양하다. 억지로 모둠을 맞추려고 애쓰기보다 아이들이 놀이를 하다가 자연스럽게 모둠이 되도록 하면 더 좋다.
- 함께한 친구들끼리 스킨십을 통해 더 가까워질 수 있는 놀이다.
- 콩콩 제자리 뛰기나 옆으로 구르기 등 다소 어려운 동작을 해도 재미있다.

🍄 | 준비물 ▸ 흰 보자기 | | 계절 ▸ 언제나 | | 장소 ▸ 어디서나 | | 인원 ▸ 짝수 |

011 숲 속 입장권

숲에 들어가기 전, 마음가짐을 새롭게 해요.

1. 진행자는 숲 입구에 쓰러진 나무로 바리케이드를 친다. 자연물이 없으면 끈으로 묶어도 좋다.
2. 입장권을 내야 지나갈 수 있다고 하고, 아이들에게 입장권을 달라고 한다.
3. 입장권은 색깔이 여러 가지인 잎, 구멍 난 잎, 빨간 열매 등 진행자가 그때그때 과제를 내주면 된다.
4. 찾아온 입장권을 진행자에게 내고 숲에 들어간다.

- ▶ 종이를 나눠주고 입장권처럼 멋지게 꾸미도록 해도 좋다. 이때 입장권 제목은 '숲은 살아 있다' '여름의 숲' 등 진행자가 정해주거나, 참가자들이 자유롭게 만들도록 해도 된다.
- ▶ 각자 꾸민 입장권은 끈이나 바리케이드에 전시하고 입장한다.
- ▶ 끈은 아이들 키보다 낮게 묶어 입장권을 낸 뒤에는 고개를 숙이고 들어가게 한다. 가족 단위 참가자는 입장권 하나를 같이 완성해도 좋다.

012 숲 속 명찰 만들기

숲에 어울릴 만한 별명을 짓고 명찰을 꾸며요.

1 투명 비닐로 된 명찰 케이스를 준비한다.
2 각자 나뭇잎을 한 장씩 주워 온다.
3 나뭇잎에 네임펜으로 자기 이름이나 별명을 적는다.
4 이름을 적은 나뭇잎을 명찰 케이스에 넣고, 목에 걸고 다닌다.

- 단풍 든 잎이나 떨어진 지 오래되지 않은 낙엽이 잘 써진다.
- 이름 외에 그림을 그려서 꾸며도 좋다.

볼펜보다 매직펜이나 네임펜이 잘 써져요.

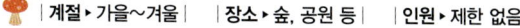

| 계절 ▶ 가을~겨울 | | 장소 ▶ 숲, 공원 등 | | 인원 ▶ 제한 없음 |

013 요술 막대기 놀이

막대기로 이어 그리기를 하며 놀아요.

1. 진행자가 막대기 하나를 주워 '요술 막대기'라고 한다.
2. 요술 막대기를 가진 사람만 그림을 그릴 수 있다고 한다.
3. 참가자들이 모두 조금씩 그려서 한 그림을 완성할 거라고 이야기하고, 조금씩 그리기를 부탁한다.
4. 먼저 진행자가 그림을 그리고 눈이 마주치는 아이에게 막대기를 준다.
5. 막대기를 받은 아이는 진행자가 그린 그림에 이어서 그린다.
6. 엉뚱하게 그려질 수도 있지만, 다 같이 조금씩 그려서 그림을 완성해본다.

- 말하지 않기로 한다. 아직 안 그리는 친구들은 앞 친구가 무슨 생각을 하고 그리는지 짐작해보라고 한다.
- 다른 사람의 마음을 읽고 무엇을 그릴지 상상할 수 있는 미술 놀이지만, 무엇보다 막대기를 손에 쥐고 땅바닥에 그림을 그리며 자연과 교감하는 놀이이다.
- 막대기를 한 번 준 친구에게 다시 주지 않는 것이 규칙이다.

꼼꼼! 관찰 놀이

우리가 살아가는 데는 관찰력이 중요합니다. 관찰력이 있어야 새로운 정보를 얻고, 그것을 바탕으로 생각할 수 있습니다. 숲은 볼거리가 아주 많아요. 숲 놀이, 자연 놀이에는 관찰력을 기르는 놀이가 많고요. 눈뿐만 아니라 손이나 귀로도 얼마든지 자연을 볼 수 있답니다.

014 애벌레 망원경

구멍 난 나뭇잎으로 세상을 관찰해요.

1. 숲 속에서 구멍 난 나뭇잎을 찾는다.
2. 잎을 갉아 먹으면서 그 구멍 너머로 세상을 보는 애벌레처럼 세상을 보자고 한다.
3. 나뭇잎을 돌돌 말아서 만든 망원경으로 세상을 관찰하게 한다.

- ▶ 덜 마른 나뭇잎으로 해야 부서지지 않는다.
- ▶ 구멍 난 나뭇잎 너머로 친구들이 보인다. 진행자가 그 모습을 촬영하면 아주 멋진 사진이 된다.
- ▶ 두루마리 휴지 심을 이용하거나, 종이를 말아서 진행해도 된다.
- ▶ '애벌레 조각가' 놀이로 해도 좋다. 애벌레가 잎을 갉아 먹으며 조각을 했다. 누가 더 멋진 작품을 발견하는지 겨뤄보자.

나뭇잎 망원경, 두루마리 휴지 심 망원경, 종이 상자 망원경 등 여러 가지 망원경으로 세상을 보자.
뭔가 다르게 보인다.

|준비물▶구멍 난 잎| |계절▶언제나| |장소▶숲, 공원| |인원▶15명 안팎|

015 숲 속 보물찾기

물건 찾기 놀이를 하며 관찰력을 키워요.

1. 진행자가 자연물을 숨기고 아이들이 찾는 놀이다.
2. 아이들이 20까지 세는 동안 진행자는 주변에 자연물을 숨긴다. 이때 드러나게 숨겨야 한다.
3. 찾아낸 사람이 다음 문제를 낸다.

- 자연물은 평범한 것보다 깃털이나 솔방울 등 특징이 있는 것이 좋다.
- 다른 것을 찾아올 수도 있으므로 숨기기 전에 펜이나 종이테이프로 표시한다.
- 곤충이나 새, 야생동물 등의 보호색에 대한 내용과 연결해서 이야기를 나눠도 좋다.

| 계절 ▶ 언제나 | | 장소 ▶ 어디서나 | | 인원 ▶ 15명 안팎 |

016 나만의 자연사박물관

주변을 둘러보고 새로운 것을 찾으며 관찰력을 길러요.

1 진행자가 나뭇가지로 사각형이나 오각형 등 다양한 모양으로 방을 하나 만든다.
2 만든 방을 자연 친구에게 준다고 말하며 자연물 하나를 방 안에 넣는다.
3 이후에도 계속 방을 만든다. 이때 앞에 나온 자연물과 겹치지 않게 골라서 방을 줘야 한다.
4 누가 더 많은 방을 만들었는지 알아보는 놀이다.

- 자연물을 겹치지 않게 찾아오려면 앞사람이 찾은 자연물을 봐야 하고, 숲에 있는 자연물도 관찰해야 해서 관찰력 기르기에 도움이 된다.
- 인원이 많을 경우 모둠을 나눠서 어느 모둠이 더 많은 방을 만드는지 알아보는 놀이도 좋다.
- 작은 방을 여러 개 만들 때 전체적인 모양이 특정한 그림이 되면 좋은 미술 놀이가 된다.

🍄 | 계절 ▸ 언제나 | | 장소 ▸ 어디서나 | | 인원 ▸ 15명 안팎 |

017 숲 속 빙고

과제를 풀며 숲을 입체적으로 관찰해요.

1. 두 모둠으로 나눈다.
2. 각 모둠은 땅바닥에 나뭇가지로 정사각형을 아홉 칸 만든다.
3. 각 칸에 미리 적어 온 카드를 한 장씩 놓는다.
4. 카드에 적힌 자연물을 찾아오는 놀이다.
5. 먼저 '빙고'를 외치는 모둠이 이긴다.

- 카드에 적을 내용이 중요하다. 버섯, 이끼, 가시 난 나무, 빨간 열매, 노란 잎, 향기 나는 잎, 똥, 동물의 먹이 흔적, 깃털 등 아홉 가지를 카드에 적고 배치한다. 이외에도 내 키보다 작은 나무, 나보다 뚱뚱한 나무, 손바닥보다 큰 나뭇잎, 검은색 열매 등 칸에 적을 항목은 진행자가 알아서 정하되, 숲을 다양하고 입체적으로 느낄 수 있게 구성한다.
- '빙고'를 외칠 수 있는 줄 숫자는 참가자들의 수준에 따라 조정한다.

| 준비물 ▶ 빙고 카드 | 계절 ▶ 봄~가을 | 장소 ▶ 숲, 공원 | 인원 ▶ 15명 이하 |

018 같은 모양을 찾아라!

자연물로 도형 놀이를 하며 관찰력을 키워요.

1. 진행자는 밧줄 양 끝을 묶어 바닥에 내려놓고 아무 모양이나 만든다.
2. 아이들은 밧줄 모양과 비슷한 자연물을 주변에서 찾아온다.
3. 가장 비슷한 모양을 찾아온 사람이 다음 문제를 낸다.

- 닮은 자연물을 찾는 놀이는 도형 카드를 활용해도 좋다. 그러나 카드는 정해진 도형이 있다 보니 찾아오는 자연물에 한계가 있다. 다양한 도형으로 카드를 만든다.
- 밧줄로 특정한 모양을 만들고 꾸미기 놀이로 진행해도 된다(예 : 물고기 모양을 만들고 그 안에 나뭇잎으로 비늘처럼 꾸미기).

밧줄로 모양을 만들고 안을 꾸며도 좋다.

| 준비물 ▶ 밧줄 | 계절 ▶ 언제나 | 장소 ▶ 숲, 공원 | 인원 ▶ 15명 이하 |

019 같은 잎을 찾아라!

모양이 같은 나뭇잎을 찾으며 관찰력을 키워요.

1. 진행자가 주변에서 나뭇잎 한 장을 찾는다.
2. 그 나뭇잎과 크기, 색깔, 생김새 등이 가장 비슷한 잎을 찾아보자고 한다.
3. 각자 찾아온 잎을 보여주고, 진행자가 가장 비슷한 잎을 찾은 사람을 뽑는다.
4. 가장 비슷한 잎을 찾은 사람이 다음 문제를 낸다. 이렇게 반복하면서 여러 가지 잎을 찾아보는 놀이다.

- 나뭇잎 대신 열매로 바꿔서 진행해도 좋다.
- 찾아온 것을 한꺼번에 모아보면 잎이 다양하다는 것을 알 수 있다.

| 계절 ▶ 언제나 |　| 장소 ▶ 숲, 공원 |　| 인원 ▶ 15명 이하 |

020 다른 나뭇잎을 찾아라!

작은 숲에도 여러 가지 나무가 살아요.

1 두 모둠으로 나눈다.
2 아이들에게 여러 가지 나뭇잎을 주워 오라고 한다.
3 준비한 보자기에 찾아온 나뭇잎을 놓게 한다. 나뭇잎이 겹치지 않게 한 종류씩 보자기에 배열한다.
4 나뭇잎의 종류가 많은 모둠이 이기는 놀이다.

- 풀잎을 포함하면 종류가 지나치게 많아서 나뭇잎으로 하는 게 좋다.
- 아이들은 분류학자가 아니므로 조금씩 틀려도 괜찮다. 잎의 모양이 다양하다는 것이 중요하지, 꼭 분류학 체계에 맞출 필요는 없다.

| 준비물 ▸ 보자기 | | 계절 ▸ 가을~겨울 | | 장소 ▸ 숲, 공원 | | 인원 ▸ 20명 안팎 짝수 |

021 나뭇잎 가위바위보

나뭇잎을 더 관찰해요.

1. '다른 나뭇잎을 찾아라!' 다음에 진행할 수 있다.
2. 모둠 구성원을 1번부터 차례로 번호를 정한다.
3. 진행자가 정해주는 나뭇잎을 가지고 나와서 가위바위보 하는 놀이다(예 : 잎자루가 가장 긴 나뭇잎).
4. 아이들은 자기 모둠 보자기에 있는 나뭇잎 중에서 골라 뒤로 숨기고 나온다.
5. 가위바위보 하며 가져온 나뭇잎을 앞으로 낸다.
6. 누가 이겼는지 판단해서 이긴 팀이 잎을 따는 놀이다.

- 진행자는 과제를 구체적으로 준다(예 : 가장 큰 나뭇잎, 가장 작은 나뭇잎, 잎자루가 긴 나뭇잎, 톱니가 많은 나뭇잎 등).
- 우열을 가리기 어려울 때는 동점이라고 하고 교환하게 한다.
- 진행자가 제안하는 내용 외에 아이들이 원하는 항목이 나오면 받아들여도 좋다.

| 준비물 ▸ 보자기 | | 계절 ▸ 낙엽이 많은 가을 | | 장소 ▸ 숲, 공원 | | 인원 ▸ 짝수 |

022 나뭇잎 퍼즐

나뭇잎 퍼즐을 맞추며 관찰력을 키워요.

1 저마다 마음에 드는 나뭇잎을 한 장씩 주워 오라고 한다.
2 가위로 나뭇잎을 3~4조각으로 자른다.
3 모둠별로 자기 모둠 나뭇잎을 섞는다.
4 섞인 나뭇잎 중에 자기 나뭇잎을 찾아서 퍼즐을 맞춘다.
5 모둠을 바꿔서 어느 모둠이 전체 퍼즐을 먼저 맞추는지 알아보는 놀이다.

- 나뭇잎이 약하거나 잘 부서지면 종이에 붙인 채 오려서 퍼즐을 만든다.
- 떨어진 지 오래되지 않은 잎이 퍼즐에 적합하다.
- 아이들 나이에 맞춰서 조각내는 개수를 조절한다.

가위로 나뭇잎을 자른다.

드디어 완성!

| 준비물 ▶ 가위 | | 계절 ▶ 언제나 | | 장소 ▶ 숲, 공원 | | 인원 ▶ 15명 안팎 |

023 손으로 보기

손으로 기억한 것을 찾아와요.

1. 작은 주머니를 허리 높이에 매달고, 그 안에 자연물을 몰래 넣어둔다.
2. 한 명씩 주머니에 손을 넣어 물체를 만져본 다음, 숲에서 같은 것을 찾아오게 한다.
3. 물건을 찾은 아이들은 동그랗게 모여서 "하나, 둘, 셋!" 하며 동시에 손을 펼쳐 물체를 확인한다.
4. 이때 진행자도 주머니 속 물건을 꺼내 보인다.

- 이런 놀이를 할 때는 사물을 꺼내거나 정답을 말하면 재미가 없다. 그래서 아이들에게 묻고 또 물어야 한다. "눈을 뜨는 거야, 안 뜨는 거야?" "안 떠요." "안에 있는 거 꺼내, 안 꺼내?" "안 꺼내요." "뭔지 알겠다고 말해, 안 해?" "안 해요."
- 주머니를 여러 개 매달거나 한 주머니에 여러 가지 자연물을 넣어도 된다.
- 아이들이 가져온 자연물을 이용해 다른 놀이로 이어가도 좋다.

| 준비물 ▶ 주머니 | | 계절 ▶ 가을~겨울 | | 장소 ▶ 숲, 공원 | | 인원 ▶ 15명 안팎 |

024 귀로 보기

소리로도 사물을 알 수 있어요.

1. 종이 상자를 하나 준비한다.
2. 상자에 아이들 몰래 열매를 하나 넣고, 열리지 않게 고무밴드로 감는다.
3. 아이들에게 한 명씩 상자를 흔들어보게 한다.
4. 상자를 열지 않고 소리를 들어서 안에 무엇이 있는지 알아맞히는 놀이다.
5. 제일 먼저 정확한 자연물을 찾아온 사람이 다음 문제를 낸다.

- 딱딱한 재질로 된 상자가 좋다.
- 생김새가 다른 열매는 소리도 다르다. 왜 그럴까 생각해본다.
- 뚜껑을 열어보려는 아이, 정답을 바로 말하는 아이, 다른 아이 순서를 방해하는 아이가 없도록 놀이 전에 여러 번 주의를 준다.
- 이 놀이 전후에 눈 감고 소리 들어보기, 새소리 듣기, 동물 소리 듣기 등 귀와 관련된 활동을 배치하면 좋다.

| 준비물 ▶ 종이 상자 | | 계절 ▶ 가을~겨울 | | 장소 ▶ 숲, 공원 | | 인원 ▶ 15명 이하 |

025 코로 보기

냄새로 자연을 느껴요.

1. 산초나무 군락에서 미리 잎을 몇 장 따고 문질러 상자에 넣는다.
2. 아이들은 줄 서서 눈 감고 상자 속 냄새를 맡는다.
3. 숲에 가서 똑같은 냄새가 나는 것을 찾아오라고 한다.
4. 정답을 맞힌 아이가 다음 문제를 낸다.

- 나무의 생김새와 이름은 알아도 냄새를 모르는 경우가 많다. 냄새 맡고 만지는 등 직접적 체험이 자연과 빨리 친해지는 방법이다.
- 산초나무가 없으면 생강나무나 진달래 잎, 쑥, 향이 강한 꽃을 사용해도 좋다.
- 식물에서 왜 냄새가 나는지 이야기해본다.
- 놀이 후 냄새 맡으며 산책하는 것을 연결해서 진행하면 좋다.

| 준비물 ▸ 종이 상자 | | 계절 ▸ 봄~가을 | | 장소 ▸ 산초나무가 있는 숲 |
| 인원 ▸ 15명 이하 |

026 더 긴 것 찾기

나무의 키와 햇빛의 관계를 생각해봐요.

1. 자연물 중에서 긴 것을 찾아보자고 한다.
2. 흰 보자기에 자연물을 놓고 키를 재서 점점 더 긴 것을 찾는다.
3. 키 큰 자연물을 찾다 보면 주로 나뭇가지를 가져온다. 몇 차례 하면 살아 있는 나무에 관심이 생긴다.
4. 나무는 왜 키가 큰지 이야기하며 마무리한다.

- 놀이할 때 나뭇가지는 살아 있는 것을 꺾지 않고 땅에 떨어진 것만 가져오도록 한다.
- 나무의 키와 햇빛의 관계를 이야기해본다. 키가 작은 나무는 왜 키가 작은지도 이야기해본다.
- 모둠을 나눠서 진행할 때는 찾아온 사물을 이어 붙여 어느 모둠이 더 긴지 알아보는 놀이로 연결해도 좋다.

| 계절 ▶ 언제나 |　| 장소 ▶ 건강한 숲 |　| 인원 ▶ 15명 안팎 |

027 더 무거운 것 찾기

무게를 재는 것도 관찰력이에요.

1. 진행자가 작은 자연물을 하나 준비한다.
2. 그 자연물보다 조금 무거운 것을 찾아보자고 한다.
3. 새로 찾아온 자연물보다 조금 무거운 것을 찾아보자고 한다.
4. 찾아온 것을 나열해보고 무게에 대한 이야기를 한다.

- 내 몸무게와 동물의 몸무게, 나무의 몸무게 등 자연에서 만날 수 있는 무게에 대한 이야깃거리를 찾아 연결하면 좋다(예 : "호랑이는 다 자라면 300킬로그램이 나간대요. 여러분 몇 명이 모여야 호랑이와 같을까요?").
- 친구들을 한 명씩 안아서 들어보고 몸무게를 맞히거나, 무거운 순서로 줄 서게 하는 놀이로 연결해도 좋다.

| 계절 ▸ 언제나 | | 장소 ▸ 어디서나 | | 인원 ▸ 10명 이하 |

아하! 생각 놀이

우리가 살아가는 데는 생각의 힘도 중요합니다. 우리는 늘 어떻게 사는 게 잘 사는 것인지 생각하고, 어떤 게 좋을지 선택하며 살아가니까요. 생각의 힘에는 집중력, 창의력, 추리력, 논리력 등 다양한 것이 있습니다. 자기 자신을 믿고 사랑하는 것이 무엇보다 중요하답니다.

028 어떤 순서일까?

나뭇잎을 배열하며 관찰력과 분석력을 길러요.

1. 모둠별로 나뭇잎을 다섯 장씩 모으라고 한다.
2. 준비한 보자기에 나뭇잎을 일정한 규칙에 따라 한 줄로 놓는다.
3. 어떤 규칙인지 모둠 구성원만 안다.
4. 배열이 끝나면 모둠을 바꿔서 정답을 맞힌다.

- ▶ 일정한 규칙을 찾아내기 위해서는 자세히 봐야 한다. 규칙을 찾다 보면 재미있고, 사고력도 향상된다.
- ▶ 열매를 가지고 하거나, 자연물을 섞어서 할 수 있다.

| 준비물 ▸ 보자기 | | 계절 ▸ 언제나 | | 장소 ▸ 숲, 공원 | | 인원 ▸ 20명 안팎 |

029 나무는 어떻게 자랄까?

나무가 자라는 원리를 간단하게 이해할 수 있어요.

1. 진행자가 'Y 자형' 나뭇가지를 하나 줍는다.
2. 그 나뭇가지와 닮은 나뭇가지를 찾아오라고 한다.
3. 찾아오면 가장 굵고 큰 나뭇가지를 한 살 때라 하고 바닥에 놓는다.
4. 그다음 굵고 큰 나뭇가지 두 개를 Y 자형 끝부분에 놓는다. 두 살 때다.
5. 그다음 굵고 큰 나뭇가지 네 개를 Y 자형 끝부분에 놓는다. 세 살 때다.
6. 이런 방법으로 점점 작은 나뭇가지를 연결하며 나무가 자라는 원리를 이해하도록 한다.

- 나무는 탑 쌓듯이 자라기 때문에 아래부터 위까지 나이가 한 살씩 줄어든다. 이런 기본적인 원리를 알 수 있는 놀이다.
- 나뭇가지를 손으로 많이 만져볼 수 있다.
- 닮은 나뭇가지 찾기는 관찰력을 기르는 방법도 된다.

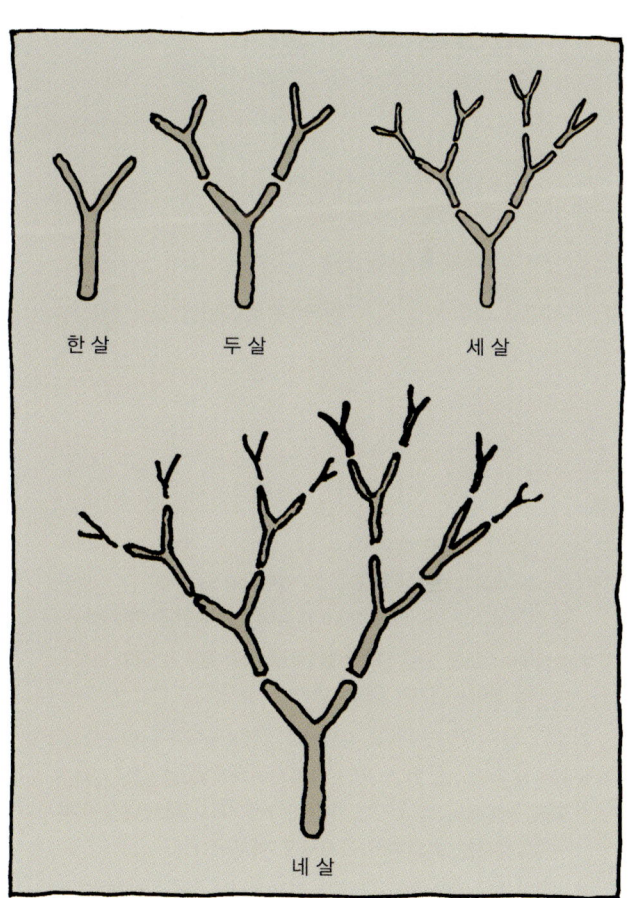

| 계절 ▸ 언제나 | | 장소 ▸ 숲 | | 인원 ▸ 제한 없음 |

030 솔방울 던져 넣기

집중력을 기르고, 소나무 씨앗의 번식 전략도 이해해요.

1 솔방울을 하나씩 들고 줄 선다.
2 진행자는 3미터쯤 앞에 원을 그린다.
3 순서대로 솔방울을 던져 원 안에 넣는다.

- 아이들이 자연에서 재미있게 놀기가 쉽지 않다. 자연 놀이가 대부분 교육적이기 때문이다. 교육보다 놀이답게 노력해야 한다. '솔방울 던져 넣기'는 아이들이 계속하고 싶어 하는 놀이 중 하나다.
- 솔방울이 없으면 다른 열매나 돌멩이로 해도 된다. 눈 감고 던지기나 뒤로 돌아서 던지기 등으로 변형해도 좋다.
- 원의 크기나 거리는 아이들의 나이를 고려해서 정한다.
- 원에 넣은 횟수로 겨루기보다 원에 들어가면 100점, 선에 걸치면 50점, 원에 들어갔다 나오면 10점, 아예 들어가지 않으면 0점, 이런 식으로 점수를 정해 마지막에 승자를 가린다.
- 씨앗이 좋은 곳에 떨어질 확률이 높지 않다는 것을 이야기해주고 마무리한다.

| 계절 ▶ 언제나 | | 장소 ▶ 숲, 공원, 놀이터 등 | | 인원 ▶ 15명 이하 |

031 칡덩굴 고리 던지기

덩굴 던지기로 집중력을 길러요.

1. 칡덩굴 일부를 뜯어서 고리를 만든다.
2. 공원 펜스, 공터의 말뚝이나 기둥 등 주변에 기둥으로 쓸 구조물을 찾아 목표물로 정한다.
3. 모둠별로 줄 서서 목표물에 고리를 던져 넣는다.
4. 고리 걸기에 더 많이 성공한 모둠이 이기는 놀이다.

- 주변에 기둥이 없으면 아이들끼리 던지고 받기를 해도 된다.
- "칡은 다른 나무줄기를 꼬불꼬불 타고 올라야 살 수 있단다. 다른 나무에 잘 기어오르려면 줄기가 부드럽고 잘 구부러져야겠지? 그래서 이런 고리를 만들 수 있는 거야." 칡 이야기를 들려주며 아이들과 숲에 사는 동식물의 관계에 대한 이야기를 나눠도 좋다.
- 다른 덩굴식물을 이용해도 된다.

032 돌탑 쌓기

돌로 조심조심 탑을 쌓으며 집중력을 길러요.

1. 돌이 많은 곳에서 한다.
2. 두 모둠으로 나눈다.
3. 정해진 시간 안에 어느 모둠이 높이 쌓는지 알아보는 놀이다.

- 탑 쌓기는 여러 방식으로 할 수 있다(예 : 모둠 구성원이 한 명씩 나와서 돌 한 개씩 쌓기. 탑이 무너지는 모둠이 진다./나뭇잎을 한 장 깔고 그 위에 돌을 놓고, 다시 나뭇잎을 깔고 그 위에 돌을 놓는 식으로 반복한다. 나뭇잎을 뺄 때 돌이 무너지면 지는 놀이다).
- 돌탑을 다 쌓아놓고 멀리서 맞히기 놀이를 해도 좋다. 돌로 하는 놀이라 위험할 수 있으니 충분히 거리를 둔다.
- 솔방울이나 나뭇가지 등 숲에서 보는 단단한 것은 모두 쌓을 수 있다.
- 나무줄기에 작은 나뭇가지 끼우기는 미술 놀이도 되고, 쌓기의 연장선에서 할 수 있는 놀이다.

033 막대기 균형 잡기

나뭇가지 균형 잡기로 집중력을 길러요.

1 각자 60~100센티미터 나뭇가지를 줍는다.
2 숲 속에서 만나는 나무의 튀어나온 부분에 나뭇가지를 수평으로 놓아본다.
3 수평 잡기를 할 만한 나무가 없으면 두 명씩 짝짓는다. 한 사람은 지팡이처럼 세우고, 다른 사람은 그 위에 'T 자형'으로 균형 잡기를 해본다.

- 아이들은 숲에서 나뭇가지를 주우면 곧바로 칼싸움을 하는데, 그러다가 다칠 수 있다. 막대기를 빼앗지 말고, 막대기로 하는 놀이를 제안하는 게 좋다.
- T 자형 균형 잡기가 기본이고, 아이들은 그것을 이용해서 확장한다. 그 위에 또 다른 나뭇가지나 돌멩이를 올리고, 중심 잡은 나무를 들어 이동하면서 다양한 균형 잡기 놀이를 한다.
- 균형 잡기 놀이를 충분히 한 뒤 모빌 만들기로 확장할 수도 있다.

| **준비물 ▶ 막대기** | **계절 ▶ 언제나** | **장소 ▶ 숲, 공원 등** | **인원 ▶ 15명 안팎** |

034 단풍 열매 날리기

단풍 열매를 날리며 씨앗의 다양한 번식 전략도 생각해요.

1. 각자 단풍 열매를 하나씩 줍거나 따라고 한다.
2. 진행자는 바닥에 지름 30센티미터쯤 되는 동그라미를 그린다.
3. 자기 눈보다 높은 곳에서 열매를 자연스럽게 떨어뜨려 동그라미에 넣어본다(열매가 바람에 날려 웬만해선 그 안에 들어가지 않는다).

- 단풍 열매는 'ㅅ 자형'으로 떨어진다고 생각하는 사람이 많은데, 사실은 반으로 쪼개져서 한 개씩 날아간다. 놀이할 때 이를 먼저 설명하고, 반으로 쪼개서 떨어뜨리도록 한다.
- 동그라미 안에 넣기를 하고 나면, 누가 더 멀리 보내는지 해본다.
- '단풍 열매 날리기'를 하며 씨앗의 번식 전략도 이야기하면 좋다.
- 가죽나무 열매처럼 바람을 타고 가는 다른 씨앗으로 해도 된다. 단풍 열매나 가죽나무 열매가 없으면 나뭇잎으로 한다.

| 준비물 ▸ 단풍 열매 | | 계절 ▸ 가을 | | 장소 ▸ 숲, 공원 등 | | 인원 ▸ 15명 이하 |

035 씨앗 멀리 보내기

씨앗의 생김새가 번식에 어떤 영향을 미치는지 생각해요.

1. 큰 통나무와 길이 약 50센티미터짜리 가는 막대기를 준비한다.
2. 아이들도 막대기 하나씩 찾아오라고 한다.
3. 찾아온 막대기를 통나무에 걸쳐놓는다.
4. 한 사람씩 통나무에 걸쳐놓은 자기 막대기를 세게 쳐서 멀리 날려 보낸다.
5. 누구 것이 가장 멀리 날아갔는지, 왜 그런지 이야기한다.

- 아이들이 찾아온 막대기는 크기와 모양이 제각각이다. 식물은 저마다 씨앗을 멀리 보내기 위해 갖은 노력을 하는데, 이 놀이를 통해 씨앗의 크기와 형태가 어떤 영향을 미치는지 이야기할 수 있다.
- 치는 게 어색한 어린아이는 자치기하듯이 구멍을 파고 작은 나뭇가지를 걸쳐놓고 큰 막대기로 힘껏 들어 멀리 보내는 놀이를 해도 좋다.
- 막대기를 이용한 놀이는 다치기 쉬우므로 조심해서 하게 충분히 주의를 준다.

자치기하듯 땅에 구멍을 파고 작은 나뭇가지를 들어 올려 멀리 보내기를 해도 좋다.

| 준비물 ▶ 막대기 | | 계절 ▶ 언제나 | | 장소 ▶ 어디서나 | | 인원 ▶ 20명 이하 |

036 곤충을 만들자

곤충의 몸 구조를 놀이로 익힐 수 있어요.

1. 주사위를 준비한다(없으면 도토리나 솔방울로 대신해도 된다).
2. 바닥에 동그라미를 하나 그린다.
3. 주사위를 던져서 나온 숫자(솔방울 여섯 개를 던져서 동그라미에 들어간 수)에 따라 곤충 그리기를 한다.
4. 두 모둠으로 나눠 어느 모둠이 곤충을 빨리 그리는지 알아보는 놀이다.
5. 한 개 : 입 / 두 개 : 더듬이 / 세 개 : 머리, 가슴, 배 / 네 개 : 날개 / 다섯 개 : 홑눈 3, 겹눈 2 / 여섯 개 : 다리
6. 돌멩이, 나뭇가지, 열매, 나뭇잎 등으로 각 기관을 대신해서 바닥에 곤충 꾸미기를 한다.

- 자연물로 꾸미기 어려우면 바닥에 그리면서 해도 된다.
- 곤충의 몸 구조를 이야기하며 거미와 곤충의 차이점 같은 수업으로 이어가도 좋다.

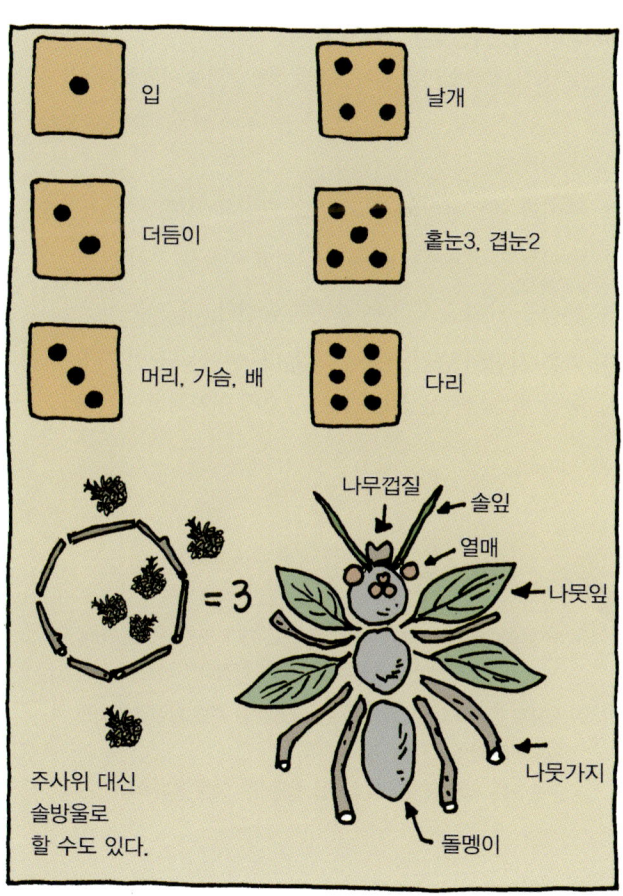

| 준비물 ▶ 주사위 | | 계절 ▶ 언제나 | | 장소 ▶ 어디서나 | | 인원 ▶ 20명 이하 |

037 곤충을 찾아라!

보호색 놀이를 통해 곤충의 생존 전략을 이해해요.

1. 종이와 펜을 준비해 각자 곤충 그림을 그린다.
2. 자연물을 이용해서 곤충을 꾸미고 이름을 지어준다.
3. 곤충을 가위로 오린 뒤 주변에 숨긴다.
4. 다른 사람이 숨긴 곤충을 찾는다. 어떤 곤충이 가장 오랫동안 발견되지 않았는지, 왜 그런지 이야기한다.

- 두 모둠으로 나눠 숨기고 찾기를 해도 된다. 꾸민 곤충은 땅에 묻거나 깊이 숨기지 말고 자연에 드러나게 숨긴다.
- 실제로 곤충도 나무껍질이나 흙, 나뭇잎 등 주변 환경과 비슷한 색깔로 자신을 숨긴다는 것을 이해한다.
- 곤충 외에 많은 동물이 보호색을 활용하는 예를 들며 이야기한다.

🍄 |준비물▶종이, 펜, 풀| |계절▶언제나| |장소▶어디서나| |인원▶20명 이하|

038 뻐꾸기 알을 찾아라!

뻐꾸기의 생태를 이해하고, 관찰력도 기를 수 있어요.

1 나뭇가지로 새 둥지를 하나 만들고 시작한다.
2 두 모둠으로 나눈다.
3 가위바위보 해서 이긴 모둠이 뻐꾸기 모둠이 되고, 진 모둠은 개개비 모둠이 된다.
4 개개비 모둠은 둥지에 자연물을 '알'이라고 넣어둔다.
5 개개비 모둠이 뒤돌아서 20까지 셀 동안 뻐꾸기 모둠은 알 중에서 하나를 빼고, 다른 것으로 바꿔놓는다.
6 개개비 모둠은 뻐꾸기가 바꿔놓은 알을 찾아낸다.

- 둥지를 만들어놓고 하는 놀이다.
- 뻐꾸기는 왜 둥지를 틀지 않고 개개비, 붉은머리오목눈이(뱁새), 딱새 등 다른 새 둥지에 자기 알을 몰래 낳는지 이야기해본다.
- 역할을 바꿔서 한다. 여러 번 해보면 어떤 자연물을 알로 선택하는 게 유리한지 알 수 있다.

039 흙 만들기

여러 동물의 도움으로 건강한 흙이 만들어지는 것을 이해해요.

1. 낙엽이 쌓인 곳에서 한다.
2. 맨 위의 나뭇잎을 한 장 주워서 보자기에 놓는다.
3. 맨 위 낙엽 층을 걷어내고, 다음 층 나뭇잎 한 장을 주워서 보자기에 놓는다. 이런 방법으로 아래로 내려가면서 점점 오래된 나뭇잎을 보자기에 순서대로 놓는다.
4. 누가 나뭇잎을 점점 잘게 쪼개는지 이야기해본다.
5. "우리도 낙엽을 잘게 쪼개보자" 하고 손으로 나뭇잎을 잘게 쪼개본다.

- 평소 하찮게 생각한 딱정벌레와 공벌레, 지렁이 같은 동물 덕분에 숲 속 토양이 생성되고 더 건강해진다는 것을 이야기한다.
- 잘게 자른 나뭇잎 조각을 이용해서 모자이크 놀이를 해도 좋다.
- 나뭇잎을 가위로 자르면서 진행해도 된다.

나뭇잎은 시간이 지나면 점점 분해가 된다.

와, 잎이 쪼개진다.
내가 공벌레가
된 기분이야!

나뭇잎 조각으로
모자이크를 해도 좋다.

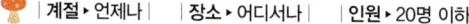

| 계절 ▶ 언제나 | 장소 ▶ 어디서나 | 인원 ▶ 20명 이하 |

풍덩! 교감 놀이

자연을 공부하거나 알아가는 것도 좋지만, 온몸으로 느끼며 친구가 되는 것이 더 좋아요. 그러려면 자연과 자꾸 만나고, 만지고, 안아줘야 합니다. 자연이 내 친구라는 생각을 하면서 놀고, 때로는 내가 그 자연이 되어보면 자연과 훨씬 가까워져요. 왜 그런 모양을 했는지, 왜 그런 생존 전략을 택했는지도 이해가 됩니다.

040 편안한 곳 찾기

숲과 빨리 친해지고, 오래 기억할 수 있는 추억을 만들어요.

1. 각자 숲에 와서 가장 마음에 드는 장소를 정한다.
2. 자신이 정한 장소에 가서 눈 감고 5분 정도 있어본다.
3. 느낌이 어땠는지 이야기 나눈다.

- 바닥에 앉거나 눕고자 할 때 맨바닥이나 낙엽에 눕기를 꺼릴 수도 있다. 그런 때는 돗자리나 방석을 가져가서 바닥에 깔고 눕거나 앉아도 좋다.
- 꼭 눈을 감지 않아도 가만히 있는 것으로 충분하다. 사실 우리는 자연에 들어오기만 해도 편안해진다.

|준비물 ▶ 돗자리, 방석| |계절 ▶ 언제나| |장소 ▶ 숲| |인원 ▶ 15명 이하|

041 내 친구를 소개합니다

오랜 시간 기억에 남을 친구 나무를 만들어요.

1. 각자 숲에 흩어져 '친구 나무'를 고른다.
2. 친구 나무에게 이름을 지어준다.
3. 각자 지은 친구 나무 이름을 종이테이프에 써서 붙인다 (진행자가 종이테이프와 사인펜을 갖고 다니며 적어주면 편하다).
4. 숲을 뛰어다니며 다른 친구의 나무 이름을 외우라고 한다.
5. 마지막에 얼마나 많은 이름을 기억하는지 물어보고 답한다.

- 놀이가 끝나면 아이들이 직접 이름표를 떼어주라고 한다.
- 이름표를 붙이지 않고 한 그루, 한 그루 아이들의 설명을 들어도 좋다.
- 얼마나 많은 이름을 외우는지 확인할 때 술래잡기 형태로 바꿔서 할 수도 있다. 술래가 나무 이름을 부르면 모두 그 나무에게 달려 간다. 술래는 가장 늦게 가는 사람을 잡는다. 잡힌 사람이 다음 술래가 된다.

| 준비물 ▶ 종이테이프, 사인펜 | | 계절 ▶ 언제나 | | 장소 ▶ 숲 | | 인원 ▶ 15명 이하 |

042 나무에게 편지 쓰기

나무에게 편지를 쓰며 더 가까이 교감해요.

1. 나무에게 편지를 써줄 나뭇잎 편지지를 줍는다.
2. 어떤 나무에게 편지를 써줄지 친구 나무를 찾아본다.
3. 준비한 매직펜으로 하고 싶은 말을 나뭇잎에 적는다.
4. 근처에 아까시나무처럼 가시 달린 나무가 있다면 가시를 하나 떼서 나무껍질에 편지를 꽂는다.

- 나무껍질은 대개 스펀지처럼 푹신해서 가시로 찌르면 잘 들어간다. 가시 달린 나무가 없으면 작고 가느다란 나뭇가지로 해도 된다.
- 아까시나무, 굴참나무, 소나무처럼 껍질이 두툼한 나무에게 편지 쓰기를 하면 좋다.
- 편지지로 사용할 나뭇잎은 넓고 뻣뻣한 갈참나무나 일본목련 잎이 적당하다.
- 편지를 쓰면 나무에게 마음이 전달될 거라고 생각해본다.

| 준비물 ▶ 매직펜이나 네임펜 | 계절 ▶ 언제나 | 장소 ▶ 숲 속 | 인원 ▶ 15명 이하 |

043 뚱뚱한 나무 찾기

나무줄기를 안아서 나이를 짐작해요.

1 친한 친구나 진행자와 서로 안아보게 한다.
2 안은 느낌을 기억하고 숲에 달려가서 굵기가 비슷한 나무를 찾는다.
3 아이들에게 각자 찾아낸 나무의 나이를 짐작해보라고 한다.

- 나이테를 보기 위해 살아 있는 나무를 자를 수 없으니 나이를 짐작해본다. 바늘잎나무(침엽수)는 대개 1년에 한 마디씩 자라기 때문에 가지가 난 부분을 세어보면 대략 알 수 있다. 한 마디씩 자라지 않는 나무는 주로 줄기의 굵기로 나이를 짐작한다. 보통 줄기가 지름 20센티미터인 나무는 스무 살 정도라고 보면 된다.
- 나무의 나이를 생각해보는 것 같지만, 사실은 나무를 껴안게 하는 놀이다.

| 계절 ▸ 언제나 |　| 장소 ▸ 숲 |　| 인원 ▸ 15명 이하 |

044 내 둥지야!

나뭇가지로 흙바닥을 느끼며 놀아요.

1. 주변에서 각자 길이 20센티미터 정도 되는 나뭇가지를 하나씩 골라 온다.
2. 두 사람씩 짝짓는다.
3. 진행자가 바닥에 지름 30센티미터 정도 되는 동그라미를 그리고, 그 안에 나뭇가지를 놓으라고 한다.
4. 가위바위보 해서 이긴 사람이 먼저 자신의 나뭇가지를 튕기거나 쳐서 상대의 나뭇가지를 동그라미 밖으로 밀어낸다.
5. 나뭇가지 하나가 동그라미 밖으로 완전히 다 나갈 때까지 번갈아가면서 한다.

- 숲 속에서는 딱따구리 둥지를 놓고 다투는 새들을 상징해서 하는 놀이지만, 나뭇가지도 만지고 흙도 만지게 하는 놀이다.
- 막대기 길이, 동그라미 크기, 밖으로 막대기가 다 나가면 아웃으로 할지, 반 이상 나가면 아웃으로 할지 등 상세한 규칙은 현장 상황에 맞춰서 조정한다.
- 이긴 사람끼리, 진 사람끼리 다시 짝을 맞춰 진행해서 최종 우승자를 가려도 재미있다.

045 태풍이다!

나무를 안으며 나무와 친해져요.

1 종류가 다른 나무 몇 그루에 종이테이프로 표시한다. 나무는 인원에 맞게 조정한다(예 : 인원 10명이면 나무는 8그루).
2 술래를 정하고 태풍이라고 한다.
3 진행자가 "태풍이다!" 하고 외치면 아이들은 달려가서 표시된 나무를 껴안는다. 이때 나무를 껴안지 않은 아이를 태풍이 잡는 놀이다.
4 나무를 껴안지 않은 아이가 다른 아이가 껴안은 나무를 껴안으면 앞서 껴안은 아이는 다른 나무로 옮겨야 한다.

- 놀이할 때 아이들은 술래가 되고 싶어서 일부러 잡히기도 하니, 술래에게 간단한 벌칙을 주는 게 좋다. 벌칙은 다 같이 정하고, 모두 동의하는 것으로 한다. 이왕이면 '나무에 매달려 노래하기'처럼 자연과 친해질 수 있는 벌칙으로 한다.
- 아이들은 이 나무, 저 나무로 옮겨 다니며 다른 나무의 감촉을 모두 느낀다. 긴소매 옷을 입는 계절에 하면 좋다.

| 준비물 ▶ 종이테이프 | | 계절 ▶ 가을~겨울 | | 장소 ▶ 숲 속 | | 인원 ▶ 15명 이하 |

046 내가 새라면

새가 되어 멋진 둥지를 만들어요.

1. 우리 모두 새가 되어보자고 한다.
2. 내가 새라면 어떤 둥지를 지을지 생각해본다.
3. 자연물을 이용해서 각자 둥지를 만들어본다.
4. 둥지를 감상하며 이야기 나눈다.

- 정해진 새가 따로 있는 게 아니다. 저마다 새가 되었다고 상상하며 장소, 크기, 재료 등을 고민하고 마음껏 둥지를 지어본다.
- 둥지 만들기를 어려워하면 까치집이 있는 근처에서 진행하며 까치집을 지어보자고 한다. 생각보다 까치집 짓기가 어렵다는 것을 이해한다.
- 구성원이 함께 커다란 둥지 하나를 지어도 좋다. 이때는 협동 놀이에 가깝다.

🍄 |계절 ▸ 언제나| |장소 ▸ 나뭇가지가 많은 숲| |인원 ▸ 20명 안팎|

047 바짝 엎드려!

엎드려야 살아남는 로제트 식물이 되어봐요.

1 두 명이 밧줄 양 끝을 잡는다. 밧줄은 차가운 '겨울바람'이다.
2 다른 아이들은 모두 '풀'이다. 머리 위로 왔다 갔다 하는 밧줄을 피해 바닥에 납작 엎드려야 살아남는다.
3 풀은 뿌리가 땅에 있기 때문에 밧줄 위로 뛰어서 피하면 안 된다.
4 마지막까지 살아남는 풀이 이긴다.

- 달맞이, 냉이, 뽀리뱅이 같은 로제트 식물은 겨울에 잎을 활짝 펼쳐 땅에 붙이고 추위를 견딘다. 추운 겨울을 낮은 자세로 이겨내고, 봄에 누구보다 빨리 꽃을 피우고 한두 번 더 생장한다.
- 밧줄 높이를 점점 낮추면서 진행하면 재미있다.
- 숲에서는 밧줄 대신 칡덩굴이나 긴 막대기를 이용해도 좋다.

| 준비물 ▶ 밧줄 | | 계절 ▶ 겨울~봄 | | 장소 ▶ 숲이나 공원 흙바닥 | | 인원 ▶ 20명 이하 |

048 너구리를 찾아라

숲 속 숨바꼭질을 통해 야생동물의 삶을 이해해요.

1. 나무가 빽빽한 곳에서 진행한다.
2. 가위바위보 해서 진 사람이 '사냥꾼'이 되고, 나머지는 '너구리'가 된다.
3. 사냥꾼은 나무를 하나 정하고, 나무에 기대 눈 감고 20까지 센다. 이때 너구리들은 숲 속에 숨는다.
4. 사냥꾼은 숫자를 다 세면 너구리를 찾는다. 이때 사냥꾼은 나무에서 몸이 떨어지면 안 된다. 발이나 손을 나무에 대고 이리저리 살피면서 여러 각도로 너구리를 찾아본다.
5. 사냥꾼 눈에 띈 너구리는 아웃, 끝까지 발견되지 않으면 살아남는 놀이다.

- 야생동물이 안심하고 살려면 어떤 숲이 좋은지 이야기해본다.
- 사냥꾼의 수를 늘리면 어떤 일이 벌어지는지 알아본다.
- 사냥꾼이 너구리를 찾지 못하면 나무를 옮긴다. 나무를 옮길 때는 "못 찾겠다. 너구리!"라고 크게 외치고, 다시 20까지 센 다음 찾는다. 이때 너구리들은 자리를 바꿔서 숨는다.

049 나이를 먹자

나무가 힘들게 나이 먹는 것을 체험해봐요.

1. 주변에서 나무를 하나 골라 몇 살일까 생각하며 이야기 나눈다.
2. 추측한 나이만큼 나무 주변에 나이테를 그리자고 한다.
3. 먼저 한 명을 뽑는다. 한 손은 나무를 잡고, 다른 손으로 나뭇가지를 땅바닥에 대고 나무 둘레로 원을 그린다. 한 살이다.
4. 한 명이 더 나와 앞사람 손을 잡고 나뭇가지로 더 큰 원을 그린다. 두 살이다.
5. 이런 식으로 계속할 수 있을 때까지 진행한다.

- 첫째 사람 손이 나무에서 떨어지면 안 된다. 나머지 사람들도 서로 잡은 손을 놓으면 실패다.
- 나무 둘레에 나이테를 하나 그리는 것도 쉽지 않은데, 나무는 나이 먹기가 얼마나 어려웠을까? 해마다 어려운 환경을 이기고 한 살을 더 먹는 나무를 보면 생명력을 느낀다.
- 나이테가 선명한 나무 조각을 보여주며 나이테에 대한 이야기를 나눠도 좋다.

| 계절 ▸ 언제나 | | 장소 ▸ 어디서나 | | 인원 ▸ 20명 이하 |

050 광합성 가위바위보

광합성의 원리를 이해하고 나무도 껴안는 놀이예요.

1. 가위는 이산화탄소, 바위는 물, 보는 햇빛이라고 한다.
2. 세 명씩 모여서 가위바위보 한다.
3. 세 명이 겹치지 않게 가위, 바위, 보를 내면 광합성이 성공한 것이다. 그렇지 않은 경우 다른 사람들과 다시 세 명을 만들어서 가위바위보 한다.
4. 광합성에 성공한 사람들은 미리 정해놓은 나무에 가서 안아주며 나무를 살찌운다.
5. 광합성을 못 하고 끝까지 남은 사람은 벌칙을 받는다.

- 이기는 가위바위보가 아니라 각자 다른 것을 내야 하는 놀이다.
- 한 번 하고 맞지 않은 경우 곧바로 다른 친구들과 가위바위보 한다.
- 광합성을 많이 하면 나무가 살찌는 것을 나무 껴안기로 표현한다. 광합성에 대한 이해도 있지만, 나무를 껴안는 목적이 크다.

| 계절 ▸ 언제나 | | 장소 ▸ 숲, 공원 | | 인원 ▸ 짝수 |

051 숲 속 가위바위보

자연물을 만지고 놀며 촉감을 자극해요.

1. 손 대신에 자연물로 가위바위보 하는 놀이다(나뭇가지는 가위, 돌멩이는 바위, 나뭇잎은 보).
2. 아이들은 종류가 다른 자연물을 세 가지 준비한다.
3. 두 명씩 짝지어 자연물 중 한 가지를 내는 방법으로 가위바위보 한다.
4. 이긴 사람이 진 사람 자연물을 딴다.

- 최종 우승자가 나올 때까지 하는 게 좋으나, 시간이 오래 걸리면 중단하고 가장 많은 자연물을 딴 사람을 우승자로 한다.
- 놀이가 끝나면 모아진 자연물을 보자기에 놓고, 맨 처음 자신이 찾아온 것을 맞혀보라고 한다.
- 아까시나무 열매로도 가위바위보 할 수 있다. 땅에서 주운 열매 안에 씨앗이 많은 사람이 이기는 놀이다.
- 자연물로 가위바위보 놀이를 하면 아이들은 나중에 그 자연물을 좀 더 유심히 본다. 그것만으로 가치 있는 놀이다.

야호! 발산 놀이

아이들은 힘껏, 맘껏 뛰어놀아야 한다. 아이들도 스트레스가 있다. 휴대폰이나 컴퓨터게임을 하면서 재미를 느끼기도 하지만, 근본적인 스트레스는 풀리지 않는다. 이런 때 밖으로 나가서 마음껏 뛰어놀면 나아진다. 자연에 나왔으니 공부보다 기운이 펄펄하게 뛰어놀자.

052 높이, 더 높이

앞사람보다 조금 높이 뛰는 놀이예요.

1. 숲에서 폴짝 뛰는 메뚜기 같은 곤충을 발견한 뒤에 하면 좋다.
2. "우리도 메뚜기처럼 높이 뛰어보자"고 말하고, 동그랗게 서라고 한다.
3. 한 사람이 높이 뛰면 그 옆 사람은 조금 더 높이 뛰어야 한다.
4. 더 높지 않으면 간단히 벌칙을 받고, 그 사람부터 새로 시작한다.
5. 높이 뛰어보니 어떤지 이야기 나눈다.

- 모둠을 나눠서 어느 모둠이 아웃 되는 사람 없이 처음부터 끝까지 높이 뛰는지 알아보자고 하면 모둠 구성원끼리 배려하고 살피는 놀이가 되기도 한다.
- 사람이 높이 뛰는 대신 솔방울을 높이 던지고 받아도 재미있다. 이때는 집중력과 배려하는 마음을 기르는 놀이로 활용한다.

| 계절 ▶ 언제나 | | 장소 ▶ 어디나 | | 인원 ▶ 제한 없음 |

053 봄 겨울 개구리뜀

초봄에 활동력이 떨어진 아이들을 껑충 뛰게 해요.

1. 아이들을 출발선에 앉히고, 멀리 도착점(연못)까지 개구리뜀을 한다고 설명한다.
2. 아이들 가운데 '봄'과 '겨울'을 한 명씩 뽑고, 나머지는 '개구리'라고 한다.
3. "출발!" 하면 개구리들이 껑충 뛴다. 이때 '겨울' 손이 닿으면 멈추고, '봄' 손이 닿으면 다시 뛸 수 있다.
4. 연못에 먼저 도착한 친구가 이기는 놀이지만, 승부는 큰 의미가 없다.

- 봄과 겨울 역할을 하는 사람은 각각 큰 소리로 '봄' '겨울'을 외치면서 움직이는 것이 좋다. 그러면 개구리 역할을 하는 아이들이 빨리 멈추거나 다시 뛸 때 헷갈리지 않는다.
- 연못까지 거리는 상황에 따라 조정한다.
- 개구리의 생태를 이어서 이야기하면 좋다.

🍄 |계절 ▶ 초봄| |장소 ▶ 너른 숲 속 풀밭, 잔디밭| |인원 ▶ 제한 없음|

054 땅을 밟지 마라

도시에 숲이 필요한 까닭을 생각해요.

1 그루터기나 바위, 통나무 등을 이용해서 징검다리를 만든다.
2 징검다리를 건널 때 발이 땅에 닿으면 아웃이다. 아웃 된 사람은 맨 뒤로 가서 다시 한다.
3 징검다리를 한 개씩 줄이면서 점점 어렵게 해본다.

- 도시의 숲은 많은 생물에게 징검다리와도 같다. 숲과 숲이 이어져야 야생동물이 이동하기 쉽고, 새들도 쉬었다 갈 수 있다. 도심 곳곳에 공원이 있어 생태계를 연결하는 징검다리 역할을 한다.
- 징검다리를 바닥에 잘 고정해야 넘어져도 크게 다치지 않는다.
- 서두르지 말고 조심조심, 천천히 가도록 한다.

| 계절 ▶ 언제나 | | 장소 ▶ 숲 | | 인원 ▶ 제한 없음 |

055 녹색 징검다리

징검다리 놓기를 통해 생태계를 이해해요.

1 두 모둠으로 나누고 '징검다리 놓는 사람'을 한 명씩 뽑는다. 시작점과 도착점을 정하고 그 사이를 '강'이라고 한다.
2 모둠별로 돌 두 개를 주고, 그것을 도착점까지 가는 길에 징검다리로 쓴다.
3 징검다리 놓는 사람만 돌을 옮길 수 있다.
4 각 모둠이 순서대로 징검다리를 건너는데, 돌을 못 밟아 강물에 빠지면 아웃이다.
5 더 빨리, 더 많은 사람을 강 건너편으로 옮긴 모둠이 이긴다.

- 돌 대신 넓은 나뭇잎이나 나무토막으로 해도 된다.
- 돌 개수는 같지만, 모둠마다 선택하는 작전이 다를 수 있다.
- 상황에 따라 돌 개수를 늘려도 좋다.

| 계절 ▸ 언제나 | | 장소 ▸ 어디서나 | | 인원 ▸ 20명 이하 |

056 이어 멀리뛰기

이어서 멀리뛰기를 하며 겨울눈의 성장을 생각해요.

1. 두 모둠으로 나누고, 1번부터 순서를 정한다.
2. 출발선에 각 모둠 1번이 서고, 가위바위보 해서 이긴 사람이 먼저 뛴다. 착지한 지점에 막대기를 하나 놓는다.
3. 1번이 뛴 기록이 더 잘 나온 팀이 먼저 뛴다. 2번은 1번이 놓은 막대기에서 다시 멀리뛰기를 한다.
4. 이런 식으로 마지막 사람까지 뛴다.
5. 어느 모둠이 멀리 갔는지 알아보고, 왜 이겼는지 이야기한다.

> ▶ 숲에서 나무를 관찰하면 나무마다 자란 길이가 다르다. 같은 나무도 가지마다 길이가 다르다. 강수량, 온도, 병충해, 양분 등 여러 가지 영향으로 생기는 결과다. 사람이 성장하는 데도 분명히 여러 가지 영향이 있다. 내가 잘 자라는 데 어떤 것이 좋은 영향을 미칠까. 독서? 놀이? 공부? 생각해보자.
>
> ▶ 멀리뛰기 기록은 맨 뒤쪽을 재므로, 손을 짚으면 그 부분이 기록이 된다. 주의해서 뛰어야 한다.

| 계절 ▸ 언제나 | | 장소 ▸ 숲, 공원 | | 인원 ▸ 짝수 |

057 나무는 왜 죽을까?

크고 튼튼한 나무도 결국 죽는 까닭을 알아봐요.

1. 아이들 중에서 '하늘소'를 한 명 뽑고, 나머지는 '나무'라고 한다.
2. 커다란 나무 두 그루 사이에 '나무'들이 선다. 그 뒤에 보자기를 깔고 자연물을 하나 놓는다.
3. 하늘소는 나무를 뚫고 들어가서 자연물을 가져와야 한다.
4. 나무들은 서로 손을 잡아 하늘소가 못 들어가게 막는다. 이때 하늘소를 발로 차거나 때리면 안 된다.

- 지구에서 가장 크고, 무겁고, 오래 사는 생물은 나무다. 하지만 나무는 대개 작은 곤충이 뚫고 들어가거나, 병에 걸리거나, 버섯이 침입해서 죽는다. 죽은 나무는 작은 나무들에게 자리를 내주고, 죽어서도 다양한 동물의 먹이와 잠자리, 은신처가 되어 생태계에 이바지한다.
- 하늘소를 여러 명으로 하면 어떤 일이 벌어지는지 알아본다.
- 인원이 많으면 나무들이 동그랗게 서고 그 안에 하늘소가 들어가는 식으로 바꿔도 좋다.

| 계절 ▸ 언제나 | | 장소 ▸ 어디서나 | | 인원 ▸ 제한 없음 |

058 나무에 매달리기
팔 힘을 기르고, 나무의 열매 솎아내기 작전도 배워요.

1. 가지가 낮은 나무를 고른다.
2. 나뭇가지를 잡고 매달리게 한다.
3. 가장 오래 매달린 사람이 이긴다.
4. 튼실한 열매를 맺기 위해 자연적으로 열매 솎아내기를 하는 나무 이야기를 해준다.

- 비바람이 친 다음 날 열매가 많이 떨어진다. 나무는 튼실한 열매를 맺기 위해 약한 열매는 자연스럽게 떨어뜨리는 전략을 쓴다.
- 매달릴 만한 나뭇가지가 없으면 나무와 나무 사이에 밧줄을 묶어서 매달려도 된다.
- 최종 우승자를 가리거나, 일정한 시간 동안 매달리기를 해도 좋다.

🍄 |계절 ▶ 언제나| |장소 ▶ 나무가 있는 곳| |인원 ▶ 제한 없음|

059 솔방울 이어 차기

솔방울을 신나게 차고 놀아요.

1. 두 모둠으로 나누고, 1번부터 순서를 정한다.
2. 모둠별로 크고 멋진 솔방울 한 개씩 준비한다.
3. 출발선에 각 모둠 1번이 서고, 신호하면 동시에 들고 있던 솔방울을 힘껏 찬다.
4. 1번이 찬 솔방울이 떨어진 자리에서 2번이 차는 식으로 계속한다. 끝 번호가 차면 다시 1번이 찬다.
5. 멀리 반환점이나 목표물을 정하고, 먼저 출발선으로 들어오는 모둠이 이기는 놀이다.

- 반환점이 가까우면 재미가 없다. 몇 번씩 돌아오도록 거리를 정한다.
- 솔방울을 바닥에 놓은 상태에서 차기도 하는데, 들고 있다가 던지고 차는 게 더 멀리 가고 재미있다.

| 준비물 ▶ 솔방울 | | 계절 ▶ 언제나 | | 장소 ▶ 어디서나 | | 인원 ▶ 20명 안팎 |

060 작은 것이 좋아

곤충의 작은 몸 전략을 배워요.

1. 큰 돌을 주워 돌탑을 쌓는다.
2. 각자 돌멩이를 하나씩 들고, 3미터 뒤에 모둠별로 줄 선다.
3. 돌을 던져 가장 큰 돌을 맞히면 10점, 중간 돌을 맞히면 50점, 가장 작은 돌을 맞히면 100점이다.
4. 모둠별로 순서를 정해 한 번씩 던지고, 마지막에 점수를 더해 높은 모둠이 이긴다.

- 지구에 사는 동물 중 곤충이 가장 번성한 것은 작은 몸 덕분이기도 하다. 천적의 눈에 잘 띄지 않고, 숨기 좋고, 생명 유지에 필요한 에너지도 적게 든다. 곤충이 작다고 무시하거나 얕보지 말고, 그 속에서 작은 것이 아름답다는 삶의 지혜를 깨닫는다.
- 나뭇가지 던지기도 할 수 있다. 그루터기에 솔방울이나 돌멩이 등을 올려놓고 막대기를 던져서 맞히는 놀이다. 위험할 수 있으므로 던질 때는 앞으로 가지 않도록 주의를 준다.

|계절▶언제나| |장소▶숲, 공원, 공터| |인원▶20명 이하|

061 소원을 말해봐

솔방울을 힘껏 던지면서 발산해요.

1. 솔방울을 하나씩 줍는다.
2. 진행자가 'Y 자형'으로 벌어진 나무를 봐두었다가 그 앞에 서라고 한다.
3. 나무와 5미터 정도 떨어져서 솔방울을 나뭇가지 사이로 던지는 놀이다.
4. 마음속으로 소원을 빌고 솔방울을 던진다. 솔방울이 나뭇가지 사이로 통과하면 소원이 이뤄진다고 이야기한다.

- 통과시키지 못한 아이들은 실망할 거라 생각하지만 그렇지 않다. 아이들은 통과시킬 때까지 계속 던진다. 통과시킨 아이들도 마찬가지다. 솔방울을 여러 번 힘껏 던지면서 발산하는 놀이다.
- 솔방울 대신 작은 나무토막으로 해도 좋다. 나무에 상처가 날 수 있으니 돌멩이는 사용하지 않는다.

🍄 |계절 ▶ 언제나| |장소 ▶ 숲, 공원, 공터| |인원 ▶ 20명 이하|

062 멀리 던지자

자연물을 힘껏 던지면서 발산해요.

1 돌이나 나뭇가지, 솔방울 등 자연물을 하나씩 줍는다.
2 둘씩 짝지어 상대의 자연물을 관찰한다.
3 가위바위보 해서 이긴 사람이 먼저 힘껏 던진다.
4 진 사람은 이긴 사람이 던진 자연물을 찾아온다. 찾으면 진 사람이 던지고, 못 찾으면 이긴 사람이 다른 자연물을 던진다.

- 힘껏 던지기 놀이는 주변에 다른 사람이 없을 때 하고, 다치지 않도록 주의를 준다.
- 꼭 멀리 던지지 않고 비슷한 자연물이 많은 곳에 던져도 좋다. 예를 들어 솔방울이 많은 곳에 솔방울을 던지면 찾아오기 어렵다.

| 계절 ▶ 언제나 | | 장소 ▶ 숲, 공원, 공터 | | 인원 ▶ 20명 이하 |

063 나무 타기

나무에 오르면서 나무와 친해져요.

1. 진행자가 오르기 좋은 나무를 고른다.
2. 한 명씩 조심조심 나무에 올라본다.
3. 몇 가지 규칙과 주의 사항을 주면 안전하게 나무를 탈 수 있다.

- ▶ 좋은 나무를 고르는 일이 가장 중요하다. 나무가 굵고 가지가 아래쪽부터 갈라져서 아이들이 오르기 편해야 하고, 나무 주변에 흙이나 낙엽이 있는 곳이 좋다.
- ▶ 나무 타기 규칙
  - 선생님이 정해준 나무만 오른다.
  - 선생님이 볼 때만 오른다.
  - 장난치지 않는다.
  - 욕심내서 오르지 않는다.
  - 오르거나 내려올 때 잘 안 되면 선생님께 도움을 요청한다.

| 계절 ▶ 언제나 | | 장소 ▶ 나무가 있는 곳 | | 인원 ▶ 20명 안팎 |

으쌰! 함께 놀이

자연에서 만나는 많은 생물은 서로 돕고 살아요. 우리도 자연에서 벗어나 따로 살 수 없고, 우리끼리 서로 도와야 해요. 자연에 놀러 왔으니 다 함께 힘을 모아서 어려운 과제도 해결하고, 더 재밌게 놀아요.

064 너구리 똥 싸기

너구리가 되어 열매 똥을 싸봐요.

1 아이들을 모두 '너구리'라고 하고, 돌멩이나 나뭇가지 등 각자 놀이에서 쓸 열매를 찾아오라고 한다.
2 출발선에서 20미터쯤 떨어진 곳에 나뭇가지로 네모를 만들고, '너구리 화장실'이라고 한다.
3 너구리는 열매를 맛나게 먹었다 치고, 배 속에서 소화되어 똥이 되어 나오려고 한다고 말해준다.
4 진행자가 "출발!" 하고 외치면 너구리는 열매를 무릎 사이에 끼우고 달려가서 화장실에 떨어뜨린다. 중간에 열매를 놓치면 맨 뒤로 가서 다시 한다.
5 놀이가 끝나면 바닥에 있는 나뭇가지와 열매로 나무 한 그루를 만든다.

- ▶ 모둠을 나눠서 릴레이 해도 좋다.
- ▶ 열매를 무릎 대신 엉덩이에 끼우면 더 재미있다.
- ▶ 어느 모둠이 너구리 화장실에 똥을 더 많이 누었는지 알아보는 놀이지만, 나중에는 모두 하나가 되어 나무를 완성한다.

| 계절 ▶ 언제나 | | 장소 ▶ 숲, 공원, 공터 등 | | 인원 ▶ 20명 이하 |

065 자연물 릴레이

자연물로 릴레이 하며 소통 능력과 협동심을 길러요.

1. 두 모둠으로 나눈다.
2. 모둠에 나뭇잎을 한 장씩 준다.
3. 한 모둠에 두 명씩 나와 손끝으로 나뭇잎을 양쪽에서 누르며 떨어지지 않게 이동해 반환점을 돌아온다.
4. 다음 두 사람이 나뭇잎을 받아서 릴레이 한다. 일찍 들어온 모둠이 이긴다.

- 중간에 잎을 떨어뜨리면 다시 제대로 조정하고 출발한다.
- 나뭇잎 대신 솔방울이나 나뭇가지로 할 수도 있다.
- 손끝 대신 어깨나 등, 이마, 엉덩이 등 다른 신체 부위를 이용해서 할 수도 있다.
- 모둠 전체가 한꺼번에 움직이는 단체 놀이도 가능하다.

066 나무를 세우자

나무를 세우며 협동심을 기르고, 나무뿌리의 역할도 이해해요.

1 두 모둠으로 나누고, 각자 나뭇가지를 주워 온다.
2 각 모둠에서 가장 긴 나뭇가지를 수직으로 세우자고 한다.
3 다른 나뭇가지는 큰 나뭇가지가 쓰러지지 않게 지지대로 쓴다. 지지대를 잘 쌓는 것이 놀이의 핵심이다.

- "제아무리 큰 나무도 뿌리가 없으면 설 수 없어요. 뿌리는 땅속에 있어서 보이지 않지만, 묵묵히 자기 일을 하죠. 우리도 뿌리 같은 사람이 되면 좋겠어요."
- 협동심을 기르는 놀이는 결과보다 과정이 중요하다. 아이들이 여러 번 실패하고 힘들어해도 절대 힌트를 주지 않는다.

🍄 |계절▸언제나| |장소▸숲| |인원▸짝수|

067 나무를 빼라

'나무를 세우자' 놀이에 연결해서 하면 좋아요.

1. '나무를 세우자' 놀이를 마치고 바로 시작한다.
2. 규칙은 반드시 자기 나무를 빼고, 한 명씩 번갈아 빼는 것이다.
3. 중심 나무가 먼저 쓰러진 모둠이 진다.
4. 두 놀이를 하고 나서 각자 느낌을 이야기한다.

- ▶ "생태계가 균형을 잃고 무너지는 속도는 우리 눈에 보일 정도로 빠르지 않아요. 하지만 자연이 스스로 이겨내지 못할 한계에 도달하면 한순간에 와르르 무너질 수도 있어요.
- ▶ 나무 세우기와 빼기는 생태계의 균형에 관해 이야기하기 좋은 놀이다.
- ▶ 조심조심 나무를 빼면서 집중력을 기른다.

068 나무 탑 세우기

창의력과 협동심을 길러요.

1. 각자 나뭇가지 한 개씩 주워 온다.
2. 길이를 재서 가장 비슷한 나뭇가지를 가져온 두 사람씩 짝짓는다. 이때 나뭇가지를 조금 잘라서 길이를 맞춰도 된다.
3. 짝이 된 두 사람이 가위바위보 해서 두 모둠으로 나눈다. 각 모둠이 가진 나뭇가지의 총 길이는 같은 셈이다.
4. 길이를 재는 게 아니고, 높이 탑을 쌓는 놀이다.
5. 나뭇가지만 가지고 탑을 쌓기 어려우니, 손수건 두 장을 주고 이용해서 쌓도록 한다.
6. 정해진 시간이 되면 일제히 나무에서 손을 뗀다. 이때 어느 모둠이 높이 쌓았는지 알아보는 놀이다.

- 나뭇가지의 굵기와 길이를 보며 쓰러지지 않고 높이 쌓는 방법을 생각하도록 한다.
- 손수건을 활용하는 방식에 따라 높이를 달리할 수 있다.
- 손수건은 상황에 따라 더 많이 줄 수도 있다.

| **준비물** ▸ 손수건 4~6장 | **계절** ▸ 언제나 |
| **장소** ▸ 나뭇가지가 있는 숲 | **인원** ▸ 짝수 |

069 돌멩이를 옮기자

창의력과 협동심을 길러요.

1 각자 나뭇가지 한 개씩 주워 온다.
2 5미터 간격으로 네모 두 개를 만들고, 한쪽에 크기가 다양한 돌멩이를 준비한다.
3 손과 발을 대지 않고 나뭇가지만 이용해서 돌멩이를 옆 네모로 옮겨보자고 한다. 돌멩이를 굴리지 않고 들어서 옮겨야 한다.

- 돌멩이는 작은 것부터 꽤 무겁고 큰 것까지 다섯 개 정도 준비한다.
- 나뭇가지는 일자로 된 것을 사용해야 불만이 나오지 않는다. 'Y자형'으로 갈라진 나뭇가지를 사용하면 돌멩이 나르기가 쉬워 형평성에 맞지 않으니, 일자 나뭇가지를 주워 오라고 한다.
- 인원이 많을 경우, 모둠을 나눠서 어느 모둠이 빨리 옮겼는지 시간을 재며 놀아도 좋다.

070 나뭇가지 낚시

창의력 협동심을 길러요.

1. 진행자가 동그라미를 그리고 '호수'라고 한다.
2. 나뭇가지를 주워서 잔가지 난 부분을 꺾는다. 그것을 '물고기'라 하고 호수에 넣는다.
3. 두 모둠으로 나누고, 모둠별로 어항을 만든다.
4. 각자 낚싯대를 들고 물고기를 낚는다. 어느 모둠이 물고기를 많이 낚는지 알아보는 놀이다.
5. 맨 앞사람이 호수에서 낚고, 나머지는 잡은 물고기를 전달해서 모둠 어항에 담는 놀이도 할 수 있다.

- 낚싯대로 사용할 나무는 굵지 않은 게 좋다.
- 작은 나뭇가지를 여러 방식으로 잘라서 넣고, 어떤 물고기가 잘 잡혔는지 이야기해본다.
- 나뭇가지 대신 나뭇잎으로 해도 좋다. 꼬치처럼 나뭇잎을 꿰어서 잡는 방식으로 진행하면 된다.

| 계절 ▶ 언제나 | | 장소 ▶ 어디서나 | | 인원 ▶ 20명 안팎 |

071 물을 나르자

저마다 자기 역할을 다하면 멋진 일을 해낼 수 있어요.

1. 시냇물이나 수돗가 등 물을 구할 수 있는 곳에서 한다.
2. '뿌리' '줄기' '잎' 모둠으로 나눈다. 뿌리 모둠은 물가에, 잎 모둠은 물가에서 10미터쯤 떨어진 곳에, 줄기 모둠은 뿌리 모둠과 잎 모둠 사이에 한 줄로 선다.
3. 뿌리는 물을 손에 담아서 맨 앞 줄기의 손에 전달하고, 줄기는 그 물을 다른 줄기에게 전달한다. 맨 끝 줄기는 물을 잎에게 준다. 잎은 땅바닥에서 흙을 판 다음 물과 섞는다.
4. 잎은 물과 섞은 흙으로 예쁜 쿠키를 빚는다.

- 식물이 뿌리로 물을 빨아들여 잎에 주면 잎이 그 물로 광합성을 해서 양분을 만든다. 흙으로 빚은 쿠키를 양분으로 설정한 놀이다.
- 물과 흙, 진흙을 만지는 놀이다.
- 뿌리와 줄기, 잎이 맡은 역할을 다하면 식물이 제대로 살 수 있고, 그 식물이 만든 양분과 산소를 우리가 먹을 수도 있다. 각자 역할을 다하는 게 중요하다는 점을 말해준다.

| 계절 ▶ 봄~가을 | | 장소 ▶ 물이 있는 곳 | | 인원 ▶ 20명 안팎 |

072 외나무다리를 건너라

양보와 협력의 중요성을 깨달아요.

1 긴 통나무가 있는 숲에서 한다.
2 아이들은 통나무 양 끝에 줄 서서 한 명씩 마주 보고 다리를 건넌다.
3 두 사람 모두 건너면 100점, 한 사람만 건너면 10점, 둘 다 못 건너면 0점이다.
4 다양한 방법으로 시도할 수 있게 몇 차례 반복한다.

- 양쪽에서 동시에 출발하기 전에 한 명씩 외나무다리를 건너며 통나무와 친해지도록 한다.
- 두 사람이 외나무다리 중간에서 만나면 함께 성공하기 어렵다. 한 명이 넘어져야 다른 친구가 건널 수 있다. 아이들은 서로 밀치거나, 둘 다 포기하다가 양보와 협력이 중요하다는 것을 깨닫는다. 아이들이 스스로 깨닫고 생각해낼 때까지 기다린다.

073 자리를 바꿔라

좁은 공간에서 자리를 바꾸며 서로 친해져요.

1. 아이들은 숲에서 자연물을 하나씩 가져온다.
2. 보자기에 가져온 자연물을 내려놓고, 긴 벤치나 통나무에 나란히 선다.
3. 진행자는 보자기에서 자연물 한 개를 골라 맨 끝으로 옮기며, 그것을 가져온 친구도 자리를 옮기라고 한다.
4. 자리를 옮기다가 떨어지거나 바닥에 발이 닿으면 아웃.

- 좁은 공간에서 자리를 옮기기는 쉽지 않다. 친구들도 몸을 조금씩 움직여 길을 내줘야 한다. 숲에서는 긴 통나무, 공원에서는 좁은 벤치를 이용한다.
- 초등학생 정도라면 자연물 없이 바로 과제(예 : 키 순서대로 서기, 생일 순서대로 서기, 이름 가나다순으로 서기 등)를 내줘도 된다.

| 준비물 ▸ 보자기 | | 계절 ▸ 언제나 | | 장소 ▸ 숲 속, 공원 | | 인원 ▸ 15명 이하 |

074 도토리를 굴려라

도토리를 굴리며 흙도 만지고, 친구들과 친해져요.

1. 두 모둠으로 나누고, 모둠에 도토리를 한 알씩 나눠준다.
2. 진행자가 바닥에 큰 네모를 그린다.
3. 네모 안에 장애물이 될 돌멩이나 나무토막을 넣는다.
4. 네모 귀퉁이에 각 모둠의 출발점을 정한다. 그 출발점이 상대 모둠에겐 도착점이다.
5. 도토리를 한 명이 한 번씩 돌아가며 튕긴다. 상대 모둠 진영에 먼저 도착하는 모둠이 이기는 놀이다.
6. 도토리를 튕겼는데 네모 밖으로 나가거나, 장애물에 닿으면 출발점으로 돌아와 새로 시작한다.

- 도토리는 사람을 비롯해서 다람쥐, 청설모, 멧돼지, 어치, 너구리 등 다양한 동물이 먹기 때문에 참나무로 자라기가 쉽지 않다.
- 모둠 구성원이 번호를 정하고, 차례차례 도토리를 튕기도록 한다.
- 장애물에 멧돼지, 너구리, 청설모 등 글씨나 스티커를 붙여도 좋다.

🍄 |준비물 ▸ 도토리| |계절 ▸ 언제나| |장소 ▸ 어디서나| |인원 ▸ 짝수|

075 비밀 기지를 만들자

승자를 가리지 않고 함께 집을 지어요.

1. 비밀 기지를 어디에 만들면 좋을지 둘러본다.
2. 저마다 왜 그곳이 좋은지 이유를 설명하고, 의견을 교환한다.
3. 장소가 정해지면 재료나 형태 등을 의논해서 멋진 비밀 기지를 만든다.
4. 안에 들어가려면 넓어야 하고, 무엇보다 튼튼하게 만들어야 무너지지 않는다.
5. 완성 후 다 들어가서 앉으면 성공.

- 어린아이들은 튼튼하게 짓기 어려울 수 있으니, 진행자가 도와준다.
- 새나 동물의 집 짓기와 비교하면서 이야기를 풀어가도 된다.
- 정기적인 수업을 하는 아이들과 초반에 하면 좋은 놀이다.
- 비밀 기지는 일종의 대피소나 거점 기능을 한다.

| 계절 ▸ 언제나 | | 장소 ▸ 숲 속 | | 인원 ▸ 20명 이하 |

와우! 감탄 놀이

"야! 정말 잘 만들었다" 하고 칭찬이나 감탄을 들으면 흐뭇합니다. 우리는 예술을 할 때 행복해요. 어릴 때부터 예술 놀이를 많이 하는 게 좋아요. 자연과 친해지는 것은 물론, 손의 감각이 섬세해지고 표현력도 풍부해져요. 감탄이 나올 만큼 멋진 작품을 만들고, 쉽고 재밌는 예술 놀이도 해봐요.

076 숲 속 전시회

아름다운 풍경을 찾아 더 돋보이게 표현해요.

1. 막대기를 주워 오라고 한다.
2. 막대기를 비교해서 길이가 비슷한 두 사람이 한 팀이 된다.
3. 다시 두 팀이 한 팀이 된다. 네 명이 모이면 막대기로 직사각형 액자를 만들 수 있다.
4. 네 명이 숲을 다니며 예쁘거나 신기한 것을 찾아내고, 그 위에 액자를 놓으라고 한다.
5. 다 함께 작품을 감상하며 이야기 나눈다.

- 아이들이 숲을 관찰하고, 거기서 받은 감동을 오래 기억하도록 하는 놀이다. 작품 제목을 지어보면 예술적 표현력도 기를 수 있다.
- 막대기 대신 종이나 끈으로 액자를 만들어도 된다.
- 글씨를 쓸 줄 아는 아이는 나뭇잎에 작품 제목을 써도 좋다.

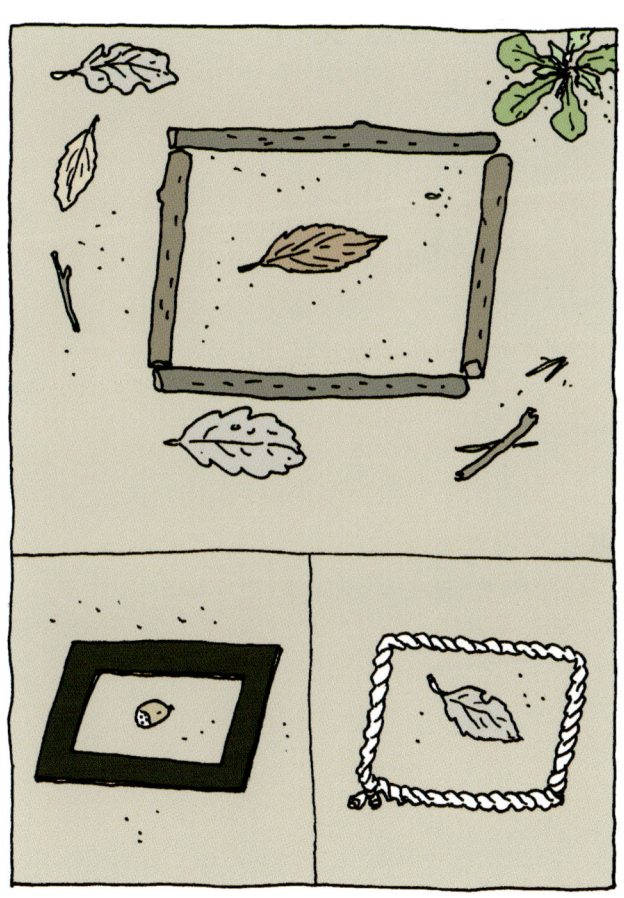

| 준비물 ▶ 네임펜 | | 계절 ▶ 언제나 | | 장소 ▶ 숲, 공원 | | 인원 ▶ 15명 이하 |

077 같은 색깔 찾기

내가 가진 소지품과 같은 색을 찾아봐요.

1 색연필을 준비한다.
2 색연필을 한 자루씩 나눠주며 비슷한 색 자연물을 찾아오라고 한다.
3 전체가 아니라 어느 부분이라도 비슷하면 된다.

▶ 신발이나 옷과 비슷한 색 찾아오기를 하면 아이들이 색에 대한 관찰력이 좋아진다.

| 준비물 ▶ 색연필 | | 계절 ▶ 언제나 | | 장소 ▶ 숲, 공원 | | 인원 ▶ 20명 이하 |

078 단풍잎 그러데이션

단풍잎으로 그러데이션을 만들어요.

1 보자기를 준비한다.
2 보자기 양 끝에 녹색 잎과 노란색 잎을 놓는다.
3 두 잎 사이에 그러데이션이 되게 다른 잎들을 놓아보자.
4 생각보다 멋진 단풍잎 그러데이션이 완성된다.

- 자연에는 여러 가지 색이 있다. 색을 자세히 들여다보고 감탄해본 사람만 그것을 알 수 있다.
- 일렬로 놓은 뒤에는 여러 가지 색 잎을 찾아와서 동그랗게 놓아보자. 환상적인 색상환이 된다. 나뭇잎 색이 다양하지 않으면 자연물을 주워서 해도 좋다. 의외로 돌멩이나 버섯이 갖가지 색이 있다.

| 준비물 ▶ 보자기 | | 계절 ▶ 가을 | | 장소 ▶ 숲, 공원 | | 인원 ▶ 20명 이하 |

079 나뭇잎 탁본 뜨기

자연물이 물감이 된다는 것을 깨달아요.

1. 진행자가 큰 종이를 한 장씩 나눠주고, 반으로 접으라고 한다.
2. 접은 종이 사이에 나뭇잎을 한 장 넣는다. 이때 잎맥이 뚜렷한 뒷면을 위로 넣는다.
3. 평평한 곳에 놓고, 나무에서 한 장 뗀 잎으로 파스텔 대신 문지른다.
4. 탁본 뜬 나뭇잎을 서로 보여주면서 이야기한다.

- ▶ 흙이나 나뭇가지 등을 이용해서 탁본을 떠본다. 풀잎이나 꽃잎은 문지르다 보면 색은 잘 나오지만, 뭉개져서 탁본이 잘 안 떠진다.
- ▶ 색깔이 있는 잎으로 하면 색깔도 나온다. 아이들은 자연물에서도 물감처럼 색이 나온다는 것을 깨닫는다.
- ▶ 종이에 그림을 그리고, 여러 가지 자연물로 색칠하면서 놀아도 좋다.

|준비물 ▶ 종이| |계절 ▶ 언제나| |장소 ▶ 숲, 공원| |인원 ▶ 20명 이하|

080 무엇을 닮았나?

나무껍질로 도형 놀이를 해봐요.

1. 소나무나 느티나무처럼 껍질이 잘 벗겨지는 나무 곁에서 한다.
2. 모양이 기하학적인 껍질을 관찰하다가 뭔가 닮았다고 생각되는 것을 주워 오라고 한다.
3. 무엇을 닮았는지 말하지 않고 혼자 알아야 한다.
4. 아이들이 다 모이면 한 명씩 무엇을 닮았는지 맞혀본다.

- 떨어진 나무껍질을 줍거나, 떨어지려고 하는 나무껍질을 떼어서 한다. 나무껍질이 다른 자연물보다 모양이 다양해서 이 놀이에 적합하다.
- 아이들은 간혹 친구가 정답을 맞혀도 아니라고 우길 때가 있다. 문제 내기 전에 진행자에게 귓속말로 정답을 알려주거나, 글을 쓸 줄 아는 아이들은 손바닥에 정답을 적어놓고 한다.
- 버즘나무나 모과나무처럼 껍질이 얼룩덜룩한 나무를 보고 닮은 모양을 찾아도 좋다.

081 무엇이든 될 거야

'무엇을 닮았나?' 놀이에 이어서 하면 좋아요.

1 주워 온 나무껍질을 흰 보자기에 놓는다.
2 진행자가 '서 있는 사람'을 만들겠다고 하고, 나무껍질을 이용해서 만들어본다.
3 또 무엇을 만들 수 있을지 도전해보자.

▶ 나무껍질을 겹치거나 부러뜨리지 않고 모양 그대로 활용해서 그림 그리듯 다양한 것을 만든다. 칠교놀이와 비슷하다고 생각하면 된다.

| 준비물 ▸ 보자기 | | 계절 ▸ 언제나 | | 장소 ▸ 숲, 공원 | | 인원 ▸ 20명 이하 |

082 숲 속 디자이너

자연물로 옷을 만들어요.

1. 큰 종이를 한 장씩 나눠주고, 반으로 접으라고 한다.
2. 접은 종이 앞면에 옷 입은 사람 모양을 그린다.
3. 옷 부분만 칼로 오린다.
4. 뒷장에 자연물을 붙여서 옷을 디자인한다.
5. 뒷장을 떼어 친구와 바꿔서 옷을 갈아입힌다.

- ▶ 줄을 치고 집게를 꽂아서 작품을 전시해도 좋다. 가장 멋진 옷을 디자인한 사람을 골라 간단한 상을 줘도 재미있다.
- ▶ 앞 장을 만들어서 주변에 다니며 예쁜 곳에 놓아도 좋다. 일종의 액자 놀이가 된다.
- ▶ 많은 예술가는 자연에서 영감을 얻는다. 디자이너도 동식물의 모양과 무늬 등에서 힌트를 얻을 때가 많다.

옷 부분만 칼로 오리기

뒷면에 자연물을 붙이면

멋진 옷 완성!

| 준비물 ▸ 종이, 가위 | | 계절 ▸ 언제나 | | 장소 ▸ 숲, 공원 | | 인원 ▸ 20명 이하 |

083 숲 속 패션쇼

자연물로 옷을 만들어 입어요.

1. 나뭇잎을 옷 모양으로 오린다.
2. 멀리 친구를 세워두고, 작은 자연물 옷을 원근감에 맞춰서 입혀본다.
3. 휴대폰이나 카메라로 사진을 찍어주면 재미있다.

- 앞서 진행한 '숲 속 디자이너'에서 자르고 남은 종이를 이용해 자연물로 꾸미고, 그것으로 진행해도 된다.
- 모자, 우산 등 다양한 것을 만들고 원근감을 이용해서 사진을 찍어주면 재미있다.

|준비물 ▸ 가위| |계절 ▸ 언제나| |장소 ▸ 숲, 공원| |인원 ▸ 20명 이하|

084 어디쯤 왔을까?

눈 감고 나무 두드리는 소리를 들어봐요.

1 쓰러진 통나무가 있으면 나뭇가지로 통나무를 여기저기 두드려본다.
2 아이들은 눈을 감는다.
3 진행자가 특정 부분을 두드리며 소리를 기억하라고 한다. 그곳을 표시한다.
4 진행자가 여러 부분을 두드리면 아이들은 표시한 부분이라고 생각될 때 "멈춰"라고 말한다.
5 차례대로 해서 누가 가장 가깝게 맞히는지 알아본다.

- 통나무는 부위별로 굵기와 단단한 정도가 달라서 소리도 다르게 난다.
- 모두 눈 감고 진행자가 한꺼번에 진행하거나, 한 명씩 진행한다.
- 바위가 있다면 '바위 드럼' 놀이를 해도 좋다. 바위 크기에 따라 막대기의 울림이 달라진다. 이어서 '숲 속 악기 만들기'로 넘어가도 좋다.

| 계절 ▶ 언제나 | 장소 ▶ 조용한 숲 | 인원 ▶ 15명 이하 |

085 숲 속 악기 만들기

'어디쯤 왔을까?'에 이어서 진행해요.

1 숲 속 자연물에서는 여러 가지 소리가 난다는 것을 이야기해주고, 자연물로 악기를 만들어보자고 한다.
2 악기 만들 시간을 충분히 준다.
3 악기 이름과 연주 방법을 한 명씩 이야기한다.
4 다 같이 연주회를 해본다.

- 음악 놀이는 다툼이나 경쟁 요소가 적은 발산 놀이다. 여럿이 할 경우 하모니를 이루면 더 아름다운 경험이 된다. 생태계도, 우리가 사는 세상도 잘 어우러지면 좋겠다.
- 연주회를 할 때 지휘자가 지휘를 하면 재미있다.

| 계절 ▶ 언제나 | | 장소 ▶ 조용한 숲 | | 인원 ▶ 15명 이하 |

086 숲 속 작곡가

친구들과 함께 멋진 노래를 만들어요.

1. 인원에 맞게 노랫말을 만든다(예 : 여덟 명이면 여덟 글자로 된 노랫말 → 즐거운 숲 신나는 숲).
2. 계단 맨 아래 칸은 '도', 그다음은 '레'… 이렇게 높은 '도'까지 정한다.
3. 각자 솔방울을 던져서 해당하는 음이 무엇인지 알아본다.
4. 노랫말에 음을 붙여 리코더로 불어본 뒤 따라서 노래 부른다.

- 휴대폰을 이용해서 연주와 녹음을 할 수도 있다.
- 평지에서는 나뭇가지로 칸을 만들고, 솔방울을 던져서 음을 정한다.
- 종이에 기록하는 대신 던진 솔방울에 막대를 끼워 음표로 만들고 나뭇잎에 노랫말을 적거나, 땅바닥에 악보와 노랫말을 적어놓고 작곡을 해도 좋다.

| 준비물 ▶ 리코더, 종이, 펜 | | 계절 ▶ 언제나 |
| 장소 ▶ 조용한 숲, 공원 | | 인원 ▶ 20명 이하 |

087 그림 완성하기

그림을 완성하며 연상 능력을 길러요.

1 진행자가 종이에 사람 얼굴을 미완성으로 그린다.
2 아이들에게 보여주며 이 그림을 완성해보자고 한다.
3 무엇인지 잘 관찰하고, 미완성된 부분은 자연물을 이용해서 완성해보자고 한다.
4 자연물을 주워 와서 눈, 코, 입을 완성한다.

- 미완성인 그림은 얼굴이 아니라 무엇을 그려도 상관없다.
- 종이 대신 땅바닥에 그림을 그리고 완성해도 된다.
- '그림 완성하기'를 한 뒤 얼굴을 비롯해서 다양한 것을 자연물로 표현해도 좋다.

주변의 자연을 활용해도 좋다.

| 준비물 ▶ 종이, 펜 | | 계절 ▶ 언제나 | | 장소 ▶ 숲, 공원 | | 인원 ▶ 20명 이하 |

088 낙엽 조각가

바닥의 낙엽을 이용해서 멋진 조각품을 만들어요.

1 낙엽이 있는 곳에서 한다.
2 낙엽을 이용해서 동그라미, 세모, 하트 등을 그려본다.
3 각자 낙엽으로 작품을 만들어본다.

- 낙엽이 두껍게 쌓인 곳보다 공원 같은 평지나 길에 낙엽이 얇게 쌓인 곳이 좋다.
- 조각은 발로 하거나, 나뭇가지로 낙엽을 긁어모으면서 해도 된다.
- 낙엽 대신 다른 자연물로 할 수도 있다.

| 계절 ▸ 언제나 | | 장소 ▸ 낙엽이 있는 숲, 공원 | | 인원 ▸ 20명 이하 |

089 단풍잎 색종이

가을날 단풍잎을 가위로 오리며 놀아요.

1 많이 마른 단풍잎이나 아직 푸른 단풍잎은 자르며 놀기에 적합하지 않다.
2 가위로 원하는 대로 오리며 논다.
3 각자 낙엽으로 작품을 만들어본다.

- 쉬운 것부터 어려운 것으로 난도를 높인다.
- 이왕이면 나뭇잎을 자세히 들여다보고 그 나뭇잎의 형태를 이용해서 만든다.
- 동물 모양을 오리면 이야기가 많이 나온다.
- 오린 것을 보자기에 놓고 이야기를 꾸미거나, 종이에 붙여서 이야기책을 만들어도 좋다.

오린 작품으로 이야기를 만들어도 좋다.

🍄 |준비물▶가위| |계절▶가을| |장소▶나뭇잎이 있는 곳| |인원▶20명 이하|

090 단풍잎 스테인드글라스

단풍잎으로 멋진 스테인드글라스를 만들어요.

1 단풍잎으로 하는 놀이다.
2 검은색 종이에 원하는 모양으로 그림을 그린 다음 칼로 오린다.
3 오린 자리에 맞게 여러 색깔 단풍잎을 칸칸이 배치해서 풀로 붙인다.
4 완성되면 햇빛에 비춰본다. 멋진 스테인드글라스가 될 것이다.

- 아이들 나이에 따라 문양을 결정한다.
- 햇빛에 비추면 반투명한 단풍잎이 멋지게 보일 것이다. 아름다운 단풍잎을 느끼게 하는 놀이다.

| 준비물 ▸ 검은색 종이, 칼, 풀 | | 계절 ▸ 가을 |
| 장소 ▸ 나뭇잎이 있는 곳 | | 인원 ▸ 20명 이하 |

091 애벌레 되어보기

나뭇잎을 갉아 먹는 애벌레처럼 나뭇잎 맛을 봐요.

1. 칡 잎으로 하면 좋다.
2. 칡 잎을 따서 여러 번 접는다.
3. 각자 애벌레가 되어 여러 번 접은 칡 잎을 깨물어서 자국을 낸다.
4. 잎을 펴보면 다양한 문양이 나온다. 문양을 감상하며 이야기를 나눈다.

- 칡 잎이 잘 접힌다. 뒷면은 앞면과 색이 달라서 자국이 선명하다.
- 다른 잎은 맛이 쓰고, 이로 깨물면 자국이 나지 않고 잘라진다.
- 문양을 만들면서 칡 잎의 맛을 보는 것이 좋은 경험이 될 수 있다.
- 아무거나 먹어선 안 된다고 주의를 준다.

| 계절 ▸ 여름~가을 | 장소 ▸ 칡이 있는 곳 | 인원 ▸ 20명 이하 |

092 나무 생일잔치

생일을 맞은 나무에게 생일잔치를 해줘요.

1. 오늘 생일인 나무를 찾아보자고 한다.
2. 나무를 찾았다면 생일 축하를 해주자고 한다.
3. 나무는 흙을 좋아하니까 흙으로 케이크를 만들어주자고 한다.
4. 흙을 이용해서 케이크를 만들고 자연물로 꾸민다.
5. 나무에게 생일 노래를 불러준다.

- 새싹이 돋는 봄에 생일이라고 할 만한 나무를 찾기가 좋다.
- 나무뿐만 아니라 풀이나 다른 생물도 할 수 있다.
- 그날 생일을 맞이한 친구가 있다면 함께 축하해준다.
- 흙에 물을 약간 넣으면 반죽이 잘된다.
- 자연물을 이용한 선물을 함께 주면서 진행해도 좋다.

093 물로 그림 그리기

물로 마음껏 그림을 그려봐요.

1 물가에서 한다.
2 평평한 돌을 찾아 종이 대신 사용한다.
3 손가락에 물을 묻혀 돌에 그림을 그린다.
4 한 사람이 일부를 그리고, 다른 사람이 완성하는 방식으로 해도 좋다.

- 물가가 아니면 준비한 물로 한다.
- 햇빛이 잘 비칠 때는 그림이 금세 말라서 지워진다. 그때 다시 그려도 된다.
- 추운 겨울에는 눈덩이나 얼음으로 바위나 담벼락 등에 그림을 그릴 수 있다.

| 계절 ▶ 언제나 | | 장소 ▶ 물이 있는 곳 | | 인원 ▶ 20명 이하 |

094 흙 그림을 그리자

흙도 좋은 물감이 될 수 있어요.

1. 종이에 물을 한 방울 떨어뜨린다.
2. 물방울을 입으로 불거나 흔들어서 여러 가지 복잡한 그림을 그린다.
3. 곧바로 흙을 덮는다.
4. 흙을 털어내면 종이에 멋진 그림이 나타난다.
5. 그림이 무엇을 닮았는지 이야기 나누고 작품을 전시하면 더 좋다.

- 물이 마르면 흙이 잘 털어진다. 물 대신 풀을 사용하면 흙 그림을 오래 보존할 수 있다.
- 손가락에 물을 찍어서 의도된 그림을 그려도 좋다.

095 나이테 퍼즐

자연물로 장난감을 만들어요.

1. 지름이 5센티미터 이상 되는 나무를 1센티미터 두께로 자른다.
2. 자른 나무토막에 그림을 그린다.
3. 그림이 완성되면 돌로 내려쳐서 조각낸다.
4. 조각난 것을 맞추면 퍼즐 완성!

- 조각낼 때 그림이 상할 수 있으니 뒷면이 위로 올라오게 한다.
- 여러 퍼즐을 한곳에 모아놓고 같이 퍼즐 맞추기를 한다.

돌로 치면 잘 쪼개진다.

| 준비물 ▶ 톱, 네임펜 | | 계절 ▶ 언제나 |
| 장소 ▶ 통나무가 있는 곳 | | 인원 ▶ 20명 이하 |

마무리 놀이

놀이를 마무리할 때 굳이 특별한 활동을 하지 않아도 됩니다. 하지만 하루 동안 어땠는지 감상을 이야기하거나, 자연과 인간의 관계에 대해서 정리해보는 놀이를 해도 좋습니다.

096 꽃가루 가위바위보

꽃과 곤충의 관계를 이해하고, 친구끼리 스킨십도 해요.

1 두 명씩 '꽃'이 되어 가위바위보 한다.
2 다른 것을 내면 꽃가루받이에 실패, 같은 것을 내면 성공이다.
3 둘 다 가위를 내면 '안녕하세요 꽃', 바위를 내면 '반갑습니다 꽃', 보를 내면 '사랑합니다 꽃'이 된다.
4 '안녕하세요 꽃'은 그냥 서서 "안녕하세요" 하고, '반갑습니다 꽃'은 악수하며 "반갑습니다" 한다. '사랑합니다 꽃'은 껴안으며 "사랑합니다"라고 말한다.
5 누가 어떤 꽃을 몇 번 꽃가루받이했는지 알아보고, 느낌을 이야기한다.

▶ 꽃이 많은 계절에 한다.
▶ 꽃과 곤충의 관계를 이야기해주면 더 좋다.
▶ 놀이를 진행하다 보면 아이들은 보를 내고 "사랑합니다"를 많이 한다. 친구들끼리 서로 안아주라는 놀이다.

097 오늘 하루는?

자연물로 미술 활동을 하고, 하루를 보낸 느낌도 표현해요.

1 숲 놀이를 마치고 기분이 어땠는지 생각한다.
2 여럿이 의견을 나눠 한 문장이나 단어로 요약한다(예 : 재미있고 신나게, 숲을 사랑하자).
3 정한 단어나 문장을 자연물로 글씨를 만든다.

- 글씨를 만들 때는 'ㄱ' 'ㅏ' 등 자음과 모음을 비슷하게 생긴 자연물로 표현해야 재미있다.
- 인원이 많을 때는 모둠을 나눠서 진행해도 된다.
- 종이에 풀칠해서 꾸며도 좋고, 준비물이 없다면 바닥에 하거나 손으로 들어도 된다.

🍄 |준비물 ▸ 종이, 풀| |계절 ▸ 언제나| |장소 ▸ 어디서나| |인원 ▸ 제한 없음|

098 지팡이를 잡아라

막대기와 친해지며 생태계를 이해해요.

1 각자 지팡이로 쓸 만한 막대기를 주워 온다.
2 지팡이처럼 땅에 짚고 원을 그리고 선다.
3 진행자가 신호하면 자기 지팡이를 균형 잡아 세워두고, 옆 사람 지팡이를 잡는다.
4 지팡이를 잡지 못하면 아웃이다. 이때 생기는 공간을 채우지 않고 제자리에서 한다.
5 맨 마지막에 남는 사람이 이긴다.

- "생태계는 어느 하나 소중하지 않은 게 없어. 저마다 자기 역할을 하지. 어느 하나가 사라지면 균형이 무너진단다."
- 자기 지팡이는 오른손으로 잡고, 왼쪽 사람 지팡이를 잡는 것으로 규칙을 정한다. 어린아이는 양손을 다 써도 된다.
- 너무 가까이 있으면 지팡이 잡기가 어렵다. 옆 사람과 1미터 정도 떨어지는 게 좋다.

| 계절 ▶ 언제나 | | 장소 ▶ 어디서나 | | 인원 ▶ 20명 안팎 |

099 나무를 심는 사람

앉고 서며 생태를 이해해요.

1. 두 명을 뽑아 한 명은 '나무를 베는 사람', 한 명은 '나무를 심는 사람'이라고 한다.
2. 나머지도 둘로 나눠서 한 쪽은 베인 나무 역할을, 나머지는 심은 나무 역할을 준다. 베인 나무는 앉고, 심은 나무는 선다.
3. 진행자가 "시작!" 하고 외치면 나무를 베는 사람과 나무를 심는 사람은 부지런히 돌아다니며 일한다. 나무를 베는 사람은 선 사람을 앉히고, 나무를 심는 사람은 앉은 사람을 세운다.
4. 진행자가 "그만!"을 외치고 베인 나무와 심은 나무 중에 어느 쪽이 많은지 센다.

- ▶ "우리는 살면서 나무를 베지 않을 수 없어. 대신 나무를 베어낸 만큼 다시 심어 가꾸고 보호해야 해."
- ▶ 나무들은 약 1미터 간격으로 자리 잡는다. 너무 가깝거나 멀면 놀이를 진행하기 어렵다.
- ▶ 두 손으로 양쪽 어깨를 잡아 누르거나 일으켜야 하며, 한 손을 대거나 스치면 나무는 움직이지 않는다.

| 계절 ▶ 언제나 | | 장소 ▶ 어디서나 | | 인원 ▶ 20명 이하 |

100 씨앗에 다 있어

아주 작은 씨앗에 나무 한 그루가 들었어요.

1. 숲에서 나무 열매를 주워 씨앗에 무엇이 들었을까 상상하며 이야기를 나눈다.
2. 꽃, 열매, 잎, 줄기, 뿌리 등 식물의 기관에 따라 다섯 모둠으로 나눈다(모둠별 인원은 같지 않아도 되니 아이들이 원하는 것을 선택하라고 한다).
3. 밧줄을 이용해서 바닥에 동그라미를 그리고 '씨앗'이라고 한다.
4. 진행자가 부른 모둠만 동그라미에 들어간다. 이때 밧줄을 건드리거나 밧줄 밖 땅에 발이 닿으면 탈락이다.
5. 마지막에 다섯 모둠을 모두 불러 작은 동그라미에 들어가게 한다. 다 들어가면 나무 하나가 완성된다.

- ▶ "작은 씨앗이 자라서 큰 나무가 되듯이, 어린 우리도 큰 나무처럼 꿈을 키워가자."
- ▶ 좁은 공간에 여러 명이 들어가려면 아이들이 창의적인 사고와 협동을 해야 한다.
- ▶ 숲의 바위나 그루터기에서 진행해도 된다. 인원이 너무 많으면 위험하니 상황에 맞춰서 진행한다.

| 준비물 ▸ 밧줄 | 계절 ▸ 언제나 | 장소 ▸ 어디서나 | 인원 ▸ 제한 없음 |